한국을 위해 다리가 된
일본인 10인

사랑으로 잇다

나카무라 사토시 저, 박창수 역

도서출판사 **TOBIA** ○ **BJ BOOKS**

지은이 나카무라 사토시 中村敏

1949년 니가타 현 시바타 시에서 태어났다. 현재 일본전도복음교단 오지야 후쿠인 그리스도교회 지도목사다. 지난 35년간 니가타성서학원 원장으로 봉사했고 2020년 4월 은퇴했다. 이와테대학교를 졸업하고 도쿄성서신학사와 미국 트리니티신학교에서 공부한 후 니가타성서학원, 세계선교연구센터, 도쿄 성서선교회 등에서 역사신학을 가르치고 있으며, 대표적인 일본 복음주의 교회사학자로 인정받고 있다. 집필, 강연, 일본평화헌법 수호를 위한 9조회 활동 및 과거사에 대한 책임과 사죄 운동을 통해 한일 관계 개선에도 힘쓰고 있다. 지은 책으로『일본 기독교 선교의 역사: 하비에르 이전부터 현재까지』,『일본 복음주의파의 역사』,『세계 선교의 역사: 예루살렘에서 땅끝까지』,『일본 프로테스탄트 신학교 역사』,『한일 가교 그리스도인: 노리마쓰 마사야쓰부터 사와 마사히코까지』,『일본 프로테스탄트 해외 선교의 역사: 노리마쓰 마사야쓰부터 현재까지』,『분단과 배제의 시대를 산다』,『종교개혁과 일본 기독교인』등 다수가 있다.

옮긴이 박창수

1969년 광주에서 태어났다. 기독교대한성결교회 목사이며 마산 상남교회 협동목사 겸 니가타성서학원 전임교사이다. 서울신학대학교 및 동 신학대학원을 거쳐 영국 버밍햄 퀸즈칼리지에서 공부하던 중 선교사로 부름 받아 버밍햄 뉴브릿지 침례교회 및 킷츠 그린 복음주의교회에서 선교사로 일하였다. 버밍햄 동부 지역교회들 및 국제선교단체 넥스트 제너레이션과 함께 유럽 역선교(Reverse Mission)의 급박함을 알리는 데 힘썼다. 그 후, 2009년 일본오픈바이블교단 협력선교사로 일본에 가서 오사카 그리스도 영광교회를 토대로 활동했다. 2014년 봄부터 니가타성서학원을 토대로 선교학, 기독교사상사, 제자도 등을 강의하는 한편, 지역 교회들을 순회하며 설교 및 제자도 세미나를 인도하고 있다. 지은 책으로는『작은 자여 어서 오라』(성천),『선교실험』,『Born Free』(공저, Next Generation)『일본선교 현장연구1』(공저, 일본선교네트워크) 등이 있으며, 한글 번역서『일본 기독교 선교의 역사』(홍성사)·『한일 가교 그리스도인 10인선』(JB-BooKs) 등과 일어 번역서『組織神學 入門』(요베루社) 등이 있다.

한국을 위한 다리가 된 일본인 10인

사랑으로 잇다

1판 1쇄 2021년 6월 14일
2판 1쇄 2021년 9월 24일
저자_나카무라 사토시中村敏
역자_박창수朴昌洙
기획_BJ BOOKS
편집_강신덕
디자인_오인표 김진혁
홍보/마케팅_지동혁
펴낸이_강신덕
펴낸곳_도서출판 토비아
등록_107-28-69342
주소_03383) 서울특별시 은평구 은평로 21길31-12, 4층
　　T 02-738-2082 F 02-738-2083
인쇄_삼영인쇄사 02-2273-3521

ISBN: 979-11-91729-00-9 03230

한국을 위해 다리가 된
일본인 10인

사랑으로
잇다

나카무라 사토시 저, 박창수 역

변하는 선교현장에서
변하지 않는 가치를 추구해야할 원칙

공베드로
한국 OMF 대표

처음 「사랑을 잇다」를 읽고 감동을 받음과 동시에 충격을 받았다. 일본인들이 한국 땅에 와서 한국인을 위해 산다는 것은 불가능하다고 무의식 중에 생각했던 것 같다. 일본인이 아무 조건없이 희생의 댓가를 지불하면서 한국인을 사랑하고 섬겼다는 사실이 믿기지 않았다. 그런데 이 책은 나의 그릇된 생각을 깨려는 듯 일본인 그리스도인으로서 자신을 희생하여 식민 통치로 억압과 착취, 멸시와 무시, 차별과 불평등, 핍박과 고통 당하는 한국 사람들을 위해 목숨을 건 헌신, 섬김, 돌봄, 사랑한 사람들을 기록한다. 이 책 속의 인물들은 역사적 현실 앞에서 다른 삶을 산다. 그들은 자신들을 드려 희생하며 그리스도 예수를 따른다. 그리고 그리스도의 향기가 되어 아름답게 희생한 삶을 산다. 심지어 한국인으로부터 칭송과 존경을 받는다. 희생적 헌신과 사랑으로 섬기고 친구가 되어준 이들 그리스도인을 진심으로 사랑하고 존경한 것이다.

이 책의 저자에게서 볼 수 있듯이 '이 책은 일제강점기에 일제의 식민지 지배에 대한 사죄와 보상의 마음을 가지고 한국에서 활동한 일본인 그리스도인들의 전기를 간략하게 정리한 것'이라 한다. 저자는 왜곡되고 뒤틀린 역사 속에서 성경적 관점으로 사는 사람들의 이야기를 나눈다.

이 책은 한·일의 암울한 과거 역사 속에 갇히지 않고 그리스도인이 어떻게 살아가야 할 향방을 알게 한다. 예수 그리스도를 따르는 자가 추구해야 할 항구적 가치가 무엇인지 알게 한다. 변하는 선교 현장에서 변하지 않고 추구해야 할 원칙이 무엇인지 알게 하고 깨닫게 한다. 그래서 이 책 속에 흐르는 성경적인 삶의 중요한 가치들을 발견하게 된다. 이 책 속의 그리스도인들이 어떻게 살았는지 이야기 하고 싶다.

첫째, 여기 그리스도인들은 불의한 역사적 사실과 상황 앞에서 예수 그리스도가 보여준 삶을 살며 다리_{가교} 된다. 역사적으로 불안정하고 암울한 시기에 일본 그리스도인들이 한결같이 그리스도의 사랑을 실천하는 삶을 산다. 그들은 복음을 증거하며 가난한 삶과 한국인처럼 살아가다 한국에 뼈를 묻는 삶을 살았던 사람, 한국 고아 3천 명의 어머니로 불리며 헌신적으로 고아들을 섬기고 사랑하는 여성, 교육을 통한 인재양성을 위해 헌신하여 사립 학교를 세운 사람, 한국인 여성 교육을 위해 헌신한 여성, 한국인 전도를 위해 일생을 바친 사람, 고아의 아버지로 삶을 드린 사람들이다.

둘째, 여기 그리스도인들도 그 시대의 한계를 가진 사람들이지만, 정치와 이념의 틀에 갇히지 않고 바른 역사의식을 가지고 성경 말씀대로 행하며 다리가 된다. 성경이 말씀하는 정의와 불의를 분별할 줄 알며 불의에 저항하고 정의를 깨우고 일으키는 삶을 산다. 이 책 속의 그리스도인들은 시대의 한계를 가졌지만, 일본인의 횡포를 안타까워하며 한국인을 보호하고, 자신을 희생하고 더 사랑하고 섬기며, 어떤 사람은 '동양 평화를 위해서도 조선의 참된 독립이 반드시 필요하다' 지론을 가지고 섬겼다.

셋째, 여기 그리스도인들은 오늘의 관점에서 선교적 삶을 온전히 이해하고 산 사람들이다. 선교는 현장이다. 선교는 이론이 아니라 삶과 삶이 만나는 현장이다. 이들은 선교 현장에서 믿음으로 섬기며 사랑하며 산living 다리가 되는 것이 진정한 선교적 삶을 실현하는 것이다. 우리가 따라야 할 삶이기도 하다.

그러므로 이 책의 그리스도인들처럼 이 땅에서 참 그리스도인으로 살며, 바르고 균형있는 역사의식을 가지고, 이 땅에 속하여 썩어 없어질 것들에 가치를 두지 않고 하늘의 가치를 두고, 사랑으로 잇는 삶을 추구하면 어떨까?

이렇게 일본 그리스도인들의 삶의 이야기를 읽으면서 지금까지 지녀왔던 나의 편협한 역사적 관점이 부끄럽게 드러난 것이다. 바른 역사관은 편협하지 않기 때문이다. 균형있는 역사의식을 가진 자는 편협하게 행동하지 않을 것이다.

나카무라 목사님의 가교론

지형은

말씀삶공동체 성락성결교회 담임목사

한국기독교목회자협의회 대표회장

기독교대한성결교회 총회장

2014년 10월에 니가타를 방문했다. 아, 그 아름답고 따뜻하고 행복
한 기억이 아직도 생생하다. 니가타신학교는 일본 서쪽 바닷가 가까
이에 있다. 신학교 뒷동산을 오르면 바로 바다가 보인다. 거기에서 보
이는 방향이 우리나라다.

니가타 방문이 가슴 깊이 남은 것은 나카무라 목사님 내외분을 비
롯해서 신학교 관계자들에게서 받은 그리스도의 사랑 때문이었다. 특
히 나카무라 목사님과 사모님의 인품은 모두를 끌어안는 사랑의 품이
었다. 나카무라 목사님 내외분이 다른 몇 분과 함께 2014년 8월에 성
락성결교회를 방문하셨을 때도 그 소박하고 단아하신 모습에서 그리
스도인의 아름다움을 보았다.

사도행전 1장 8절은 성령을 받은 그리스도인의 모습을 '다른 곳으
로 가는 것'으로 말씀한다. 예루살렘에서 시작해서 온 유대, 사마리아,
땅끝까지 말이다. 그리스도인이 가야 하는 세 곳을 명령하는 이 구절
은 아주 독특한 방식으로 온 세계를 포괄하고 있다.

먼저, 예루살렘이 유대 지방에 속해 있으니 '온 유대'는 동일한 문화

권을 말한다. 한국 사람이 한국 땅 곳곳으로 가는 것이고 일본 사람이 일본 전역으로 가는 것이다. 이 일은 그리 어렵지 않다. 문제는 다음 단계, 사마리아로 가는 것이다. '사마리아'는 다른 문화권을 말한다. 그런데 그냥 단순히 다른 문화권이 아니다. 가장 심한 거부감을 느끼는 문화권이다. 사마리아 사람들은 유대인과 같은 혈통의 뿌리를 갖고 있다. 그러나 역사의 흐름에서 다른 민족과 피가 섞이면서 문화적 종교적으로 분리되었다. 유대인은 유대인이 아닌 사람들 곧 이방인들을 멸시했는데 사마리아 사람들은 아예 상종도 하지 않았다. 그러니까 사도행전 1장 8절에서 사마리아로 가라는 것은 모든 다른 문화권 중에서 가장 가기 힘든 곳을 말한다. 사마리아로 갈 수 있으면 더 이상 못 갈 곳은 없다. 그래서 바로 마지막 단계로 '땅 끝'이 나온다.

유대와 사마리아는 대조적인 한 쌍이다. 동일 집단과 이질 집단의 한 쌍이다. 우호적인 집단과 적대적인 집단의 조합이다. 인류 역사의 통속적인 흐름은 늘 우군과 적군의 소용돌이로 이어져 왔다. 예수 그리스도의 복음은 이 대립을 넘는다. 십자가의 사랑과 희생이 태곳적의 타락 이후 계속된 이 대립을 넘어선다. 화해와 평화를 일군다. 복음이 인류의 희망인 까닭이 여기에 있다.

우리 주님 예수 그리스도께서는 당시의 유대인처럼 사마리아 지역을 피해 돌아다니지 않으셨다. 유대인의 하나님 신앙과 문화에서 소외된 사마리아, 그 한가운데로 가셨다. 그 사마리아에서도 소외된 불쌍한 수가성의 여인을 찾아가셨다. 거기에서 구원의 사건이 일어났다. 예수님께서 찾아가신 곳은 사실 다 사마리아였다. 의미상으로 보면 세리 삭개오의 집도 사마리아였고 거라사인 땅의 무덤가에서 짐승

처럼 살던 한 남자도 사마리아였다.

한국 교회가 주님을 따르고 있는가 성찰하며 자문해야 한다. 이 책에 기록된 열 분 그리스도인은 예수님의 뒤를 따라 사마리아로 걸으신 분들이다. 이분들을 연구하며 책을 집필하신 나카무라 목사님은 사마리아로 가는 것이 무엇인지 깊은 통찰을 갖고 계시다. 그 통찰을 나카무라 목사님의 '가교론架橋論'에서 찾을 수 있다.

"그러나 본래 '다리架橋'라는 것은 사람들에게 짓밟히기 위해 존재합니다. 그것이 가교의 역할입니다. 예수 그리스도께서도 이 땅에서의 생애 동안 특히 십자가 사건에서 많은 사람들에게 짓밟히셨습니다. 그 희생 위에서 하나님과 사람, 사람과 사람 사이에 화해와 평화를 만들어 주셨습니다."

나카무라 목사님의 가교론은 거창하지 않다. 소박하고 겸허하다. 거창한 비전이나 큰 사명을 얘기하지 않는다. 오늘 하루 내가 사는 곳에서 만나는 모든 사람을 사랑으로 대하며 사는, 그저 그렇게 사는 삶의 여정이다. 가교는 사람들의 발에 밟히면서 비로소 가교가 된다. 그래서 가교라는 통찰은 연구실의 서재에서 나올 수 있는 것이 아니다. 한일 간의 기독교 역사에 관하여 오랫동안 연구해 온 학자이면서 그 안에서 길어 올린 가교론을 삶으로 걸어온 인생 여정이 있었기에 가능한 열매다.

나카무라 목사님과 동역하고 있는 박창수 선교사님의 깨달음이 또 얼마나 감동적인지 모른다. 선교사의 정체성이 '가교 건설자'에 있다고 생각한 박 선교사에게 어느 날 주님께서 주신 깨달음이 이렇다.

"My child, you're not a bridge-builder but a bridge!"

아이야, 넌 가교 건설자가 아니라 가교란다!

이 책은 한일 관계에서 아주 훌륭한 지식의 가교다. 그러나 이에 그치지 않고 일본과 한국의 그리스도인들 사이에 그리고 더 나아가 두 나라 모든 사람 사이에 삶의 가교가 되기를 깊이 기도한다. 나카무라 목사님과 박창수 선교사님에게 존경의 마음을 전한다.

한국 그리스도인 독자 여러분께

주 예수 그리스도의 거룩한 이름을 찬양합니다. 한국 그리스도인들에게 저의 책을 소개할 수 있게 된 것을 진심으로 기쁘게 생각하며 책이 발간되도록 수고해주신 분들에게 감사드립니다. 우리는 민족도 다르고 저마다 놓인 삶의 환경도 다릅니다. 그러나 십자가에 달리신 예수 그리스도의 구원으로 말미암아 하나님 사랑 안에서 한 가족입니다. 그 은혜와 사랑 가운데 함께 각자의 땅 끝에서 그리스도의 복음을 전할 수 있도록 우리에게 소명을 주신 하나님께 감사드립니다.

제가 사는 니가타현新潟縣 니가타시新潟市에 있는 공항에는 한국 인천공항까지 직항편이 운영되고 있습니다. 비행기를 타고 두 시간이면 한국에 도착할 수 있습니다. 우리는 생각보다 굉장히 가까운 거리에 있습니다. 그러나 현재 한일 관계는 경직되어 있습니다. 1965년 한일 국교정상화 이후, 최악이라고도 할 수 있는 상황이 지속되고 있습니다. '가깝고도 먼 나라'라는 표현 그대로입니다. 비록 두 나라의 정권이 바뀐다고 해도, 이런 상황에 근본적인 문제가 개선되지 않는 한 갈등 상황은 계속될 것입니다. 여기에는 과거 일본의 식민지 지배에 관한 두 나라 사이 역사 인식의 극명한 차이라는 문제입니다.

저는 2015년 한일국교정상화 50주년을 맞아 『한일 가교 그리스도인 8인』韓日架橋 キリスト人 八人, 이노치고토바사을 일본에서 출판했습니다. 그러나 이번 한국어판에는 한국과 일본 사이에 다리를 놓은 열 사람이 등장합니다. 종전 이후 현시대에 이르기까지 헌신하는 일본인들을 추가로 포함한 것입니다.

이 책은 일제강점기의 식민지 지배에 대한 사죄와 보상의 마음을 가지고 한국에서 활동한 일본인 그리스도인들의 전기를 간략하게 정리한 것입니다. 이들은 선교사, 교육자, 고아원 경영자 등 다양한 자리에서 한국과 일본 사이에서 '가교'架橋, bridge가 되었습니다. 열 명 가운데 다섯 명은 한국 땅에 묻혀 있고, 세 명은 대한민국 국민훈장을 받았으며, 한 명은 지금도 여전히 한국에서 선교사로 활동하고 있습니다. 저는 이 열 명의 일본인을 소개하는 가운데 우리 일본인 가운데 혹은 한국인 가운데 두 나라 사이에 화해의 다리를 놓는 일, 그 발자취를 이어갈 사람들이 일어나기를 소망하면서 책을 썼습니다. 하나님께서 이 일이 지속되도록 길을 열어주시리라 믿습니다.

저는 지금까지 일곱 차례 한국을 방문했습니다. 선교 회의 참석, 교회와 신학교 봉사, 개인적인 교제 등을 위한 여정들이었습니다. 저는 한국을 방문해서 설교와 강연을 시작할 때면 늘 그 첫머리에 한 사람의 일본인으로서 과거 일본의 식민지 지배에 대해 사죄합니다. 그리고 일본 교회가 식민지 지배를 반대하기는커녕 오히려 협력하고 가담한 가해자였음을 사죄합니다. 그리고 지금은 같은 예수 그리스도를 신앙하는 하나님의 가족이 되어 있음에 감사하며, 함께 선교를 위해 협력하자고 호소하고 있습니다.

'미국 우선주의'America First라는 슬로건을 내세운 트럼프 정부에서 보았듯, 지금 시대는 자국중심주의가 강조되고 있으며 곳곳마다 장벽과 분단과 대립이 있습니다. 그렇기에 하나님과 사람 사이에 가교가 되신 '예수 그리스도를 본받아 장벽이 아니라 가교'가 되는 것이 더욱 필요함을 통감합니다. 우리는 '가교'라는 말을 들으면, 국가 혹은 민족들 사이에서 외교라든지 문화교류를 담당하는 것 같은 뭔가 거창한 것을 생각하는 경향이 있습니다.

그러나 본래 '다리'架橋라는 것은 사람들에게 밟히기 위해 존재합니다. 이것이 가교의 역할입니다. 예수 그리스도께서도 이 땅에서의 생애 동안 특히 십자가 사건에서 많은 사람들에게 짓밟히셨습니다. 이 희생 위에서 하나님과 사람, 사람과 사람 사이에 화해와 평화를 만들어 주셨습니다.

이 책에서 소개한 사람들도 과거 요동치는 역사 가운데서 고맙다는 말도 들었지만, 동시에 비판을 받고 이해받지 못했으며 짓밟혔습니다. 그러나 그런 가운데서 인내로써 주 예수 그리스도를 뒤따랐고 가교의 역할을 다했습니다. 제 자신도 계속 그 뒤를 이어 걸어가기를 소망합니다. 이 책을 읽는 분들이 이 책을 통해 동기부여가 되고, 한국인 그리스도인의 입장에서 많은 분들이 한국과 일본 사이에 가교로서 일어나기를 기도하며 소망합니다.

몇 년 전 한국어로 출판된 『일본기독교 선교의 역사』홍성사에 이어 이번에도 번역의 수고를 감당해준 충실한 동역자인 박창수 선교사에게 감사드립니다. 그리고 이 책을 출판하도록 격려해 주신 서울기독대학교 백종구 교수님, 그리고 블레싱 재팬의 윤성혜 선교사님께 진심으로 감사드립니다.

2020년 5월
나카무라 사토시_{中村敏}

옮긴이의 말

나는 2014년 3월 선교 베이스를 오사카大阪에서 니가타현으로 옮겨 인구 9만여 명의 해안도시인 가시와자키시柏崎市에 있는 신학교에서 교사로 일하고 있다. 원장으로 재직하고 있던 나카무라 사토시 목사님2020년 4월 퇴임은 교회사 학자로서 특히 한국과 일본 사이에 놓인 과거사 반성을 비롯해 일본이 진정한 자유민주주의 국가로 거듭나기를 바라는 마음으로 집필, 강연, 9조회평화헌법수호운동 등에서 왕성하게 활동하고 있다. 이렇게 귀한 그리스도인을 만나 함께하는 시간이 참 은혜롭고 감사하다.

선교사로 부름 받은 처음부터 선교에 대한 이미지와 목표를 '가교'Bridge라는 데에 두었다. 원래 영국에서 선교사로 활동하던 나는 나의 선교적 아이덴티티가 다름아닌 '가교 건설자'bridge-builder라고 확신하며, 사람을 세운다는 일념으로 그리고 하나님의 나라의 가치와 이상을 몸에 두르고 생활했다. 그러나 나의 아이덴티티는 좌충우돌 끝에 일련의 좌절을 경험했다. 그때 번개가 내리꽂히듯 충격으로 다가온 음성이 있었다.

"My child, you're not a bridge-builder but a bridge!"

아이야, 넌 가교 건설자가 아니라 가교란다!

그 후부터 나는 정신을 가다듬고 당신의 복음을 전하시는 주님만이 사람을 가교로 세우시는 분임을 새롭게 고백하게 되었고, 나는 그저 하나의 가교로서 살고자 소망했다. 그러자 내게는 전혀 새로운 길이 열렸다. 새롭게 일본 선교사로 부름을 받고 그 땅에 보냄을 받은 것이다. 이후 나는 한국과 일본 사이에 복음 선교와 평화 모색을 목표로 삼고 교회·신학교 활동에 더하여 문서번역 활동에 힘쓰고 있다.

일본어를 익히기 시작한 건 2009년 여름이다. 겨우 3년이 지난 때에 용기를 내어 나카무라 사토시 목사님의 저서인 『일본기독교 선교의 역사』日本基督教宣教の歷史, 홍성사를 한글로 옮겼다. 이것을 계기로 2014년 나는 나카무라 사토시 목사님이 사역하시는 니가타성서학원新潟聖書學院에서 전임으로 가르치게 되었다.

때마침 나카무라 목사님께서는 한국과 일본 사이 가교 역할을 한 그리스도인 10인을 선정하여 2014년 5월부터 도쿄신학교 신학 월간 지인 「요군」羊群에 연재를 시작하셨다. 목사님은 연재가 완료되면 원고를 증보해 책으로 출간할 계획을 세우고 계셨다. 그리고 마침내 연재한 글들은 『한일 가교 그리스도인 8인』이라는 이름으로 2015년 4월에 이노치노고토바사에서 출판되었다. 책이 출판되던 이듬해에 나는 연재된 원고를 한국 상황과 문맥에 적합하도록 첨삭·번역하여 한국

기독교대한성결교회 교단 월간지인 「활천」活泉에 축약, 연재했다. 그리고 드디어 그 원고를 모아 『한일 가교 그리스도인 10인』을 한국에서 출판하게 되었다. 이 책은 나카무라 목사님이 「요군」에 연재하신 원고를 원본으로 삼아 정리 작업을 거친 첨삭·번역본임을 밝혀 둔다.

진화생물학·진화지리학 분야의 권위자인 재러드 다이아몬드Jared Diamond는 그의 책 『총, 균, 쇠: 무기병균금속은 인류의 운명을 어떻게 바꿨는가』문학사상사, 제2판, 2016의 한 꼭지 '일본인은 어디에서 왔는가'라는 글에서 이렇게 말한다. "한국인과 일본인은 같은 피를 나누었으면서도 오랜 시간 서로에 대한 적의를 키워왔다. 한국인과 일본인은 수긍하기 힘들겠지만, 그들은 성장기를 함께 보낸 쌍둥이 형제와도 같다. 동아시아의 정치적 미래는 양국이 고대에 쌓았던 유대를 성공적으로 재발견할 수 있는가에 달려 있다 해도 과언이 아니다."

이처럼 한국과 일본은 지리적으로도 유전학적으로도 가깝다. 그러나 혹독한 역사 경험과 역사 인식의 문제로 인해 민족 감정에 있어서는 멀고도 먼 이웃임을 부정할 수 없다. 해방 후 한일 양국의 우호·동맹 관계란 자발적이라기보다는 어디까지나 미국의 북동아시아 정책에 따라 미국이 가하는 타율·조정 얼개에 이끌린 경우가 대부분이다. 그럼에도 불구하고 미래 세대를 위해 양국 관계 개선 및 협력을 위한 노력과 실천을 위해 서로 창조적·능동적인 지혜를 모으고 연대하지 않으면 안 된다.

모든 것을 일반화하는 오류를 범해서는 안 된다. 정의롭지 못한 정권과 여기에서 서식하는 이념과 정책 아래서 살아가는 일본 사람들을 단순히 '민족·나라'라는 틀에 묶어 동일시하는 것은 정당하지 않다. 양식있는 시민들이 적지 않다. 권력자들이 내세우는 민족주의·국가주의·애국주의 이념에 놀아나지 않는 사람들이 살고 있다. 더욱이 하나님께서 구원하시기로 작정하신 영혼들이 적지 않다.

한국 교회는 고난의 역사 속에서 한국 민족과 함께 고난을 공유하며 성장해 왔고, 세계 선교에 크게 기여해 오고 있다. 한국 교회는 민족과 국가라는 울타리를 넘어 글로벌 시대에 요구되는 세계 시민의식과 감각을 더욱 배양해야 할 과제에 직면해 있다. 지금은 깨어있는 시민-그리스도인들의 연대가 절실한 때다.

그리스도의 몸이며 교회인 우리는 세계 안에 존재하는 사람을 귀히 여기며 서로 연대해야 할 책임이 있다. 개인·집단 사이에서 사람다움을 억압하고 잃게 하며 반목과 갈등을 조장하는 그 어떤 권력이 어느 민족·국가 단위 안에서 주도권을 휘두르고 있다면, 우리는 이에 대해 항의하고 극복해 내도록 연대해야 한다.

만인을 구원해야 할 복음과 진리를 위탁받은 교회는 하나님의 선교에 참여할 때, 정치적·경제적 논리를 극복해야 한다. 특히 한일 관계의 특수성을 생각할 때, 일본 선교는 복음전도와 더불어 정의와 평화를 중재하며 민간 교류를 증진시키는 일을 포함해야 한다. 이러한 평화의 복음의 사명을 감당할 '가교' 그리스도인이 속속 나타나기를 간절히 소망한다.

끝으로, 한국과 일본에 복음선교와 평화를 중재하는 일에 마음을 나누며 이번 출판에 협력해 주신 서울기독대학교 백종구 교수님, 편

집과 출판에 수고하신 윤성혜 선교사님, 그리고 토비아출판사 관계
자 여러분께 마음 깊이 감사드린다. 이 작은 책이 한국과 일본 사이에
서 가교를 일으키는 데에 작은 보탬이 되기를 기도드리며…

2020년 5월
박창수

개정판에 부치는 말

지난 2020년 8월 BJ BOOKS는 『한일 가교 그리스도인 10인선: 한국을 위해 촛불이 된 일본인들』이라는 제목으로 나카무라 사토시 목사님의 책 초판을 한국에 내놓았다. 한국과 일본은 현재까지도 서로 엮인 역사 경험과 인식의 차이로 갈등과 반목을 지속하고 있는 형세다. 두 나라가 첨예하게 대립하고 있는 상황에서, 이 책을 내는 일은 쉽지 않았다. 그러나 이런 시도는 언제나 필요하고 가치가 있다. 국가나 민족이라는 틀을 벗어나 한 시대를 함께 살아가는 동료 인간으로서 공동선共同善과 인류애를 토대로 두 나라를 잇고자 했던 열 명의 일본인의 삶을 소개하는 일은 두 나라와 민족의 미래를 위해서 의미 있는 시도이다.

양국의 많은 그리스도인과 양국 관계 개선에 호의적인 사람들이 이 책의 출판에 호응해 주었다. 일본의 그리스도인들과 일단의 평화를 지향하는 사람들은 그들 나라와 민족이 과거에 벌인 여러 불의한 일들이 오늘에까지 문제가 되어 한국의 많은 사람에게 고통과 슬픔이 되고 있다는 것을 가슴 아파한다. 일본인 그리스도인 가운데 많은 사람이 지금껏 틈나는 대로 한국인들에게 사죄하고 과거를 반성한다는 분명한 메시지를 전한다. 그리고 한국과 일본 사이의 발전적인 관계 정립을 소망한다. 그것은 한국인 그리스도인들과 또 양국간 관계 개선을 바라는 사람들 역시 마찬가지이다. 한국은 이제 더는 과거 일본에 얽매여 있던 식민지 나라가 아니다. 한국인들은 자신들이 이제 일본과 대등하며 경쟁적인 관계에 서 있다는 것을 잘 안다. 그래서 한국 내 많은 이들과 그리스도인들은 이제 양국간 관계가 상호호혜적인 관계로 발전하기를 간절히 바란다.

안타까운 것은 국제관계와 양국간 정치적인 현실이다. 국제관계는 확실히 양국의 대립을 이용한다. 양국의 정치 현실 마찬가지다. 일단의 정치가들은 양국 사이 긴장과 갈등을 그들의 기득권 유지의 방편으로 이용하는 경향이 뚜렷하다. 이런 상황에서 BJ BOOKS가 2020년에 발간한 『한일 가교 그리스도인 10인선: 한국을 위해 촛불이 된 일본인들』은 귀중한 진일보로 여겨진다. 특히 양국의 많은 그리스도인이 복음의 가치에 비추어 양국이 나아가야 할 방향의 기준점을 얻었음을 기뻐했다. 어려웠던 시절 스스로 일본인으로서의 우월적 위치를 내려놓고 식민지 조선 사람들을 위해 수고하고 헌신하며 고통 당하는 그들의 일부이고자 했던 사람들의 이야기는 그때의 이야기를 넘어서 양국 사이 미래를 이야기할 수 있는 토대이며 시작점이었다. 블레싱재팬과 BJ BOOKS의 『한일 가교 그리스도인 10인선』 발간은 그 기반 작업의 일환이 분명했다.

그런데 첫판을 발간하고 일 년이 지나고서 블레싱재팬의 사역자들은 나카무라 사토시 목사님과 박창수 선교사님의 이 책이 보다 보강

되고 다듬어져 한국의 그리스도인들과 일반인에게 폭넓게 제공될 필요가 있다는 것을 깊이 논의했다. 그리고 새로운 버전의 『한일 가교 그리스도인 10인선』 확대개정판 발간을 결심했다. 저자와 역자 그리고 블레싱재팬은 확대개정판 발간 작업을 보다 전문적인 출판사와 진행하는 것이 좋겠다는 생각으로 성서의 땅과 기독교 신앙 역사 순례 관련 자료를 전문으로 출판하는 도서출판 토비아와 그 일을 함께 하기로 했다.

이번 개정판에는 번역자인 박창수 선교사가 초판에서 보인 몇몇 오류를 바로잡고 표현을 새롭게 다듬었으며, 독자들의 이해를 돕기 위해 필요한 용어에 각주를 추가했다. 더불어, 동역하는 선교사들과 목회자들 그리고 사역자들과 평신도들이 새로 발간되는 개정판 내용에 대해 깊이 있는 통찰들을 제공해 주었고 그것을 각 꼭지마다 글로 남겨주었다. 마지막으로 토비아 출판사는 이 모든 것을 취합하고 정리해 『사랑으로 잇다-한국과 일본을 잇는 다리가 된 10인의 일본인』이라는 새로운 이름으로 책을 만들어 주었다. 실로 이번 개정판은 한국과 일본 사이에 복음과 사랑의 다리가 놓이기를 바라는 모든 이들의 합작품이다.

이 책에서 다루는 인물들의 생각과 실천은 제국주의 일본과 식민지 조선이라는 역사적 정황 가운데 이루어진 것들이다. 따라서 시대적인 한계와 그로부터 생겨난 밝은 면과 어두운 면이 함께 존재한다. 그들은 분명 시대의 대립과 갈등, 고통의 현실 어딘가에서 분투했던 사람들이다. 그들은 그 모든 것을 깊은 신앙의 고백으로 더불어 실천했다. 양국 사이에 여전한 대립과 갈등의 안목에서는 그들의 발자취가 흐려지기 쉽다. 아예 보이지 않을 수도 있다. 그러나 그들은 그 흐릿한 안개와 같은 현실을 올곧이 걸었다. 그렇게 한국과 일본 사이에 다리를 놓았다. 이 열 사람은 과도하게 포장되지 말아야 한다. 동시에 과도하게 폄훼되어서도 안 된다. 그들이 걸었던 있는 그대로의 길, 다리가 되고자 했던 삶이 드러나야 한다. 이번 개정판 『사랑으로 잇다─한국과 일본을 잇는 다리가 된 10인의 일본인』이 그들의 삶을 있는 그대로 드러내 주는 역할을 다해 주기를 바란다.

앞으로 일본인뿐 아니라 한국인 가운데서도 한국과 일본 사이 다리를 놓는 일에 헌신한 인물이 많이 발굴되기를 바란다. 이 개정판 출간의 길을 열어주신 하나님께 그리고 협력하고 헌신해 주신 모든 분에게 깊이 감사드린다.

2021년 5월

BJ BOOKS 대표

윤성혜

Contents

들어가는 말

한국과 일본은 가까운 지리적 조건을 가지고 예로부터 해협을 건너 문화와 인물의 교류가 활발히 진행되어 온 이웃 나라다. 그러나 오늘 한국과 일본의 관계는 영토 문제, 일본군 '위안부' 문제, 일본 정치가들의 야스쿠니靖國 신사 참배 등으로 대표되는 역사 인식 문제를 둘러싸고 매우 껄끄러운 상황이 지속되고 있다.

2012년 12월에 일본에서는 제2차 아베 정부가 탄생했고, 이듬해인 2013년 2월 한국에서는 박근혜 정부, 2017년 5월에는 문재인 정부가 출범했다. 그러나 현재까지도 뚜렷한 해결책은 전혀 보이지 않는다. 여러 가지 이유를 생각할 수 있지만, 결국 두 나라 사이의 식민지 지배를 둘러싼 역사 인식의 차이가 문제의 바탕에 놓여 있으며, 이것이 근본적으로 해결되지 않는 한 대립과 마찰은 반복될 것이다.

이 책을 한국에서 출판하는 2021년은 한일기본조약이 조인되어 한일 관계가 대략적으로 정상화된 지 꼭 56년째 되는 해다. 그러나 양국 간의 정치적 장벽, 국민 간의 마음의 장벽은 아직도 두껍고 높다고 할 수밖에 없다. 나는 이 장벽을 조금이나마 넘어서서 두 나라 사이에 화해와 협력의 관계가 싹트기를 소망하며 이 책을 썼다.

이 책에서는 전전戰前·전후戰後 [1] 의 시기에 한국과 한국 사람들과 깊은 관계를 맺고 양국의 가교架橋가 되기를 바라며 산 열 명의 일본인 그리스도인을 선정해 다루었다. 잘 알다시피 일본은 1910년 한국을 강제로 병합하여 1945년 8월 15일까지 실로 가혹한 식민지 지배를 자행했다. 이 책에서도 자주 기록하고 있듯이 일본인은 정복자로서 한국을 지배하며 관리와 군인뿐 아니라 대부분의 민간 일본인들도 한국인을 낮추어보며 차별했다.

그러나 그러한 상황 속에서 한국 사람들의 삶에 들어가 그들의 이웃이 되기를 원하며 산 일본인들이 존재했다는 것도 부정할 수 없는 사실이다. 그리고 그들 가운데 적지 않은 사람들이 일본인의 만행에 마음 아파하고 속죄하는 마음으로 행동하며 목소리를 높였다.

이 책에서 다룬 일본인 그리스도인들은 한 점에 불과한 예외적인 사람들일지 모른다. 그러나 그들이 담당했고 또한 담당하고 있는 역할은 결코 작은 것이 아니다. 한일 관계가 냉각되고 있는 가운데 그들이 걸었던 삶을 조명하며 그 뒤를 따라 한국과 일본 사이에 가교로 나서는 사람들이 일어나기를 소망하며 집필하는 바이다.

---

1) 일본에서 사용되는 '전전'戰前이라는 용어의 용법은 역사가에 따라 몇 가지 입장을 보인다. '전전'은 보통 진주만 공격으로 시작된 태평양 전쟁 발발 이전 시기를 가리키지만, 다른 한편에서는 태평양 전쟁을 포함한 제2차 세계대전 종결까지의 기간을 '전전'으로 이해하고 있다. 후자의 입장에서는, '대일본제국헌법' 제정과 더불어 표방된 '천황 주권 시대'를 기준으로 삼고, '전전'의 시기를 메이지유신에서 출발하여 '대일본제국헌법'이 철폐되는 제2차 세계대전 종료까지의 기간으로 이해한다. 이 책에서 사용하는 '전전'은 큰 틀에서 제2차 세계대전 종료까지를 지칭하지만, 제2차 세계대전, 특히 태평양 전쟁 기간은 별도로 '전시하'戰時下로 명기하고, 이 전쟁 종료 이후는 '전후'戰後로 구분한다.

제1장

노리마쓰 마사야스
일본 최초의 개신교 선교사

乘松雅休, 1863-1921

노리마쓰 마사야스(乘松雅休 ,1863-1921)

노리마쓰 마사야스乘松雅休라는 이름은 일본 최초의 개신교 선교사로 알려져 있다. 그러나 사오십 년 전만 해도 노리마쓰가 조선인 전도에 힘썼던 인물이라는 것을 아는 사람은 일부 관계자 외에는 거의 없었다. 사실 노리마쓰 마사야스는 플리머스 형제단Plymouth Brethren [2] 이라는 작은 기독교 그룹에 소속되어 있었다. 일본 내 기독교인들조차 이 플리머스 형제단을 알지 못하니 노리마쓰 마사야스를 알리가 없다. 게

2) 영국 성공회의 교파주의와 형식주의에 반기를 들고 1820년대에 아일랜드 더블린에서 존 N. 다비 (John N.Darby, 1800-1882)를 중심으로 일어난 보수적 복음주의 운동의 결과로 태어난 개신교 교 파로 영국 플리머스에 본부를 두게 되면서 붙여진 이름이다.

다가 이 그룹에 소속된 사람들은 자신들을 공적으로 드러내기를 좋아하지 않았다. 그들은 항상 '수치는 우리에게, 영광은 하나님께!'라는 문구를 자기들 삶의 푯대로 품고 살았다.

　노리마쓰 마사야스라는 사람의 존재와 그의 헌신적인 선교활동이 일본 기독교계에 알려지게 된 것은 1970년대 중반에 이르러서였다. 그의 먼 친척이며 일본기독교단 오다와라교회小田原教會의 목사였던 오노 아키라大野昭가 신학 잡지인 「복음과 세계」福音と世界[3] 1976년 8월호에 무명의 노리마쓰 마사야스를 처음 소개했다. 그리고 이듬해 출판된 『지게꾼: 조선·한국인 전도의 기록』チゲクン: 朝鮮·韓国人伝道の記録[4]에서 역시 한국을 향한 열정적인 선교로 유명한 오다 나라지織田楢次의 대선배 노리마쓰 마사야스의 감동적인 조선 전도 이야기가 자세하게 소개되었다. 그 후 노리마쓰 마사야스의 조선 전도는 많은 사람에게 주목을 받았으며, 그에 관한 본격적인 연구가 진행되고 있다. 기리스토도오신카이キリスト同信會, 플리머스 형제단의 회원인 후지오 마사히토藤尾正人가 쓴 『브랜드 씨와 그의 무리: 메이지기 그리스도인의 한 군상』ブランドさんとその群れ I : 明治期キリスト者の 一群像에서도 노리마쓰 마사야스가 등장하는데 그 책에서 노리마쓰 마사야스를 '차츰 주목을 받게 된 인물'이라는 표제어를 붙이고 있다. 이것이야 말로 노리마쓰 마사야스를 가장 적절하게 표현한 것이다.

　노리마쓰 마사야스는 이제 막 세상에 빛을 보기 시작한 인물이다.

---

3) 일본의 신교(新教)출판사에서 1952년부터 발행하고 있는 월간지로 주로 교회와 신학의 문제를 다룬다.

4) 본서 제6장에서 소개된 오다 나라지 목사의 자서전으로 1977년에 일본기독교단 출판국에서 발간했으며, 한국에서는 대구 서현교회 전재규 장로가 번역하여 2004년에 대한기독교서회에서 출판되었다.

그런데 그는 주목받아 마땅한 인물이기도 하다. 일제강점기에 조선인의 참된 이웃이 되기를 소망하며 조선인 전도에 목숨을 건 노리마쓰 마사야스, 그의 삶과 사역은 아직도 해결해야 할 과제가 많은 오늘의 한일관계에 실로 의미심장한 인물로 드러나고 있다.

복음에 열정적인 사람

노리마쓰 마사야스에 관해 이런 이야기가 남아 있다. 1921년 1월 57세로 노리마쓰 마사야스가 오다와라에서 세상을 떠나자 그에게 복음을 듣고 믿게 되어 전도자가 되었던 조선인 두 명이 급히 일본으로 건너왔다. 그중 한 사람 김태희金太熙가 장례식에서 눈물을 흘리며 이렇게 말했다. 그의 말에는 노리마쓰 마사야스의 삶이 과연 어떤 것이었는지 그 실체가 남김없이 드러나고 있다.

"예수 그리스도는 하나님이시나 사람으로 오셨습니다. 이 사랑에 힘입어 노리마쓰 형제는 조선 사람을 사랑했습니다. 세상에 영국인이 되고 싶어 하는 사람은 많습니다. 미국인이 되고 싶어 하는 사람도 많습니다. 그런데 노리마쓰 형제는 조선의 사람이 되었습니다. 이 사랑은 어떠한 사랑이랍니까."

노리마쓰 마사야스가 임종하기 2년 전, 일본의 혹독한 식민지 지배에 저항한 3·1독립운동이 조선에서 일어났다. 일본인은 '무단정치'武

斷政治 가운데 수많은 조선인에게 무자비한 정복자였고, 불구대천不俱戴天의 원수라 할 만한 존재였다. 3·1독립운동이 전국적으로 벌어지던 와중에 정말 많은 조선인들이 일본인들에 의해 고통과 슬픔을 겪어야 했다. 양심적인 일본인들은 그 모든 잔학한 일들이 벌어지는 와중에 어떤 생각과 행동을 보여야 할지 고민할 수밖에 없었다. 이런 역사적 정황을 생각할 때 조선 사람 김태희의 "(노리마쓰 마사야스는) 조선의 사람이 되었습니다."라는 이 한마디는 그의 삶이 과연 어떠했을지를 감히 짐작하게 한다.

노리마쓰 마사야스는 1863년 시코쿠四國 마쓰야마 번松山藩[5]의 무사 노리마쓰 주지로乘松忠太郎와 그의 아내 사다코定子의 장남으로 태어났다. 이때는 에도江戸 시대에서 메이지明治 시대로 변혁을 꾀하던 일대 전환기였다. 이때 일본은 모든 것이 변화하고 있었고 모든 것이 새로워지고 있었다. 한 마디로 근대화가 이루어지던 시기였다.

그는 근대적인 교육을 받기 위해 마쓰야마 중학교[6]마쓰야마중학교 지금의 현립 마쓰야마히가시고등학교의 제1기생으로 공부했다. 마쓰야마 중학교는 메이지 시대의 대문호로 불리는 나쓰메 소세키夏目漱石, 1867-1916가 교편생활을 했던 곳이다. 나쓰메 소세키는 이때의 체험을 바탕으로 이 학교가 배경이 된 중편 소설 『도련님』坊っちゃん을 썼다.

---

5) 고대 일본의 율령제도 하에 나뉜 행정단위이자 메이지기(明治期) 초기까지 영지와 군사 관련 지역을 구분하는 단위로 사용된 '국(國, 구니)'들 가운데 '마쓰야마 번'과 같은 이름을 가진 곳이 있었기에 구분을 위해 이요국(伊豫國)'의 이름을 붙여 '이요 마쓰야마 번'으로 표기하기도 한다. 지금의 시코쿠 북서부에 위치한 에히메현(愛媛縣) 마쓰야마시에 속해 있었다. 참고로, 번(藩, 한)이란 에도 시대에 쌀 1만석 이상을 수확할 수 있는 땅을 보유한 봉건영주인 다이묘(大名)가 지배한 영지와 이에 대한 지배기구를 가리키는 용어다.

6) 학교교육법에 의해 학교제도개혁이 실시된 1947년 이전의 구제도에서 중학교는 지금의 고등학교에 해당한다.

중학교 졸업 후 입신과 출세를 꿈꾸며 도쿄東京로 간 그는 가나가와현청神奈川縣廳에 취직했다. 그때 그가 머물던 하숙집에서 알게 된 한 여성은 일본 개신교 최초의 교회인 요코하마카이간교회橫浜海岸敎會를 다니던 열심히 있는 신자였다. 노리마쓰 마사야스는 그 여성에게 인도받아 교회에 다니기 시작했다. 이후 노리마쓰 마사야스는 열의를 품고 계속 신앙의 길을 이어갔으며, 1887년 24세에 요코하마카이간교회에서 이나가키 아키라稻垣信, 1848-1926 목사에게 세례를 받았다.

그 후 노리마쓰 마사야스는 전도자의 소명을 받고 메이지학원明治學院 신학부[7]에 입학했다. 만약 그대로 진로를 따라 갔다면 그는 메이지학원을 설립, 지원한 '일본기독교회'日本基督敎會[8]의 교역자가 되어 있었을 것이다. 그러나 노리마쓰 마사야스는 그 학교 졸업을 앞두고 당시 영국인 선교사였던 허버트 조지 브랜드Herbert George Brand, 1865-1942[9]를 통해 일본에 소개된 플리머스 형제단을 알게 된다. 노리마쓰 마사야스는 그들의 가르침을 접한 후 바로 메이지학원을 중퇴하고 형제단에 몸담게 된다. 그는 과연 그가 얻게 된 뜻에 대해 진지한 열정과 결단이 있

7) 1863년 미국북장로교회 의료선교사인 제임스 커티스 헵번(James Curtis Hepburn, 1815-1911) 부부가 요코하마(橫濱)에서 개설한 헵번학당(주쿠塾, the Hepburn School)이 기원이 되었고, 1887년에 잇치에이와(一致英和)학교와 에이와요비교(英和豫備校)와 도쿄잇치(東京一致)신학교가 합병하여 메이지학원으로 인가되었다. 도쿄잇치신학교가 메이지학원 신학부가 되었으나 1930년에 폐지되었고, 메이지학원 신학부와 도쿄신학사(東京神學社)가 합병하여 도쿄신학교가 되었지만 1943에 폐교되었다.

8) 교파를 초월한 공회주의를 토대로 한 교회 형성을 목표로 1872년 3월에 요코하마에서 일본 개신교 최초의 교회인 '일본기독공회'(요코하마카이간교회로도 불림)가 설립되었고, 1877년 10월에 '일본기독일치교회'로 계승되었으며, 1890년 12월에 교회헌법을 개정하고 '일본기독교회'로 이름을 바꾸었다. 1941년 일본 정부에 의해 강제로 각 교단 및 단체가 통폐합되어 '일본기독교단'이 성립되면서 해체되었다.

9) 플리머스 형제단 소속의 평신도 선교사로 1887년 캠브리지대학교를 졸업한 이듬해에 일본에 입국하여, 1898년부터 1921년까지 한국에서 활동했다.

는 사람이었다.

플리머스 형제단은 19세기 초 영국의 플리머스Plymouth에서 시작된 신앙운동 단체이다. 그들은 성서의 절대적 권위를 인정하고 제도나 의식에 얽매이지 않으며 직업적 성직 제도를 인정하지 않았다. 그래서 서로를 형제brethren로 부르며 서로 삶을 공유하는 가운데 전도에 열정과 열심을 부렸다. 영국에서 신앙과 기도만을 의지하며 수천 명의 고아를 돌보고 키운 조지 뮐러George Müller, 1805-1898도 이 플리머스 형제단의 일원이었다. 이 선교단은 특히 해외선교에도 열심이었다. 그들은 이제 막 문호가 열리기 시작한 아시아 특히 극동에 관심을 기울였다. 그리고 일본에 포교활동을 위해 진출하게 된다. 오늘날 일본에서 이들은 '기리스토도신카이'キリスト同信會로 불리고 있다.

노리마쓰 마사야스는 이 형제단에 몸담은 이래 일본 각지를 돌며 전도활동에 참여했다. 1894년부터 2년간 에치고越後 지방[10]인 니가타현 고타카촌小高村, 지금의 니가타현 쓰바메시 일부에 해당라는 한 작은 마을에 살면서 주위 사람들의 박해와 멸시에도 불구하고 전도에 힘썼다.

최대 장애를 넘어서

1896년 12월, 노리마쓰 마사야스는 홀몸으로 조선에 건너갔다. 이

---

10) 지금의 후쿠이현(福井縣)에서 야마가타현(山形縣)에 걸친 지역은 7세기 말까지 '고시국(高志國)'으로, 8세기 이후부터는 '고시국(越國)'으로 표기되었다. 7세기 말 율령제도에 따라 지방 행정 구역을 국(國, 구니)로 재정비하면서 이 지역은 수도인 교토(京都)에서 가까운 순서에 따라 '에치젠(越前)국', '엣추(越中)국', '에치고(越後)국' 등 5개 국으로 나뉘었다. '에치고국'은 지금의 니가타(新潟)현에 해당하며, 지금도 관례상 흔히 '에치고 지방'으로 불린다.

것은 일본인에 의한 해외선교의 기념할 만한 첫걸음이었다. 왜 그는 이 시기에 조선에 건너갔을까? 2년 전 조선을 방문한 도신카이同信會의 한 신자가 있었는데 노리마쓰 마사야스는 그를 통해 당시 조선의 사정을 듣게 되었고 그것이 계기가 되어 조선인 전도에 관심을 갖게 된 것이다. 당시 일본에 망명해 있던 조선의 실력자 박영효朴泳孝, 1861-1939와의 만남도 커다란 요인이었다. 박영효는 조선 말기 개화파開化派, 서양의 사상과 기술을 받아들여 나라를 발전시키고자 한 사람들의 중심인물 중 한 사람으로 알려져 있는데, 정치적 갈등에 밀려 실각해 일본으로 망명했다. 신기하게도 노리마쓰 마사야스는 고타카촌에서 이 박영효와 만나 교분을 나누고 있었다. 그리고 그를 통해 조선의 실정을 상세히 들었다. 후쿠다 겐타로福田賢太郎, 1893-1978는 말년의 노리마쓰 마사야스에게 조선에 가게 된 이유를 듣게 되었는데 다음과 같이 진술하고 있다.

"청일 전쟁 후, 조선에 뭔가 비참한 사건이 일어났다. 그것을 알게 된 노리마쓰 형제는 매우 마음 아파했다. 그는 하나님과 더 깊이 교제하는 가운데 조선사람들이 하나님의 사랑을 알게 되고 이를 통해 참된 행복의 생활로 들어가는 것이 아니라면 이러한 문제는 해결되지 않을 것이라고 느낀 것 같다."

여기에서 언급하고 있는 '뭔가 비참한 사건'이란 1895년 명성왕후가 일본 폭도들에 의해 침전에서 잔학하게 시해당한 사건 그렇게 조선의 자존심이 무참하게 짓밟힌 사건을 말한다. 이 사건 후로 일본의 조선 식민지화는 급속히 진척되었다. 물론 조선인의 반일 운동도 점

노리마쓰 마사야스가 세운 수원의 선교거점, 노리마쓰는 이곳을 근거로 조선인들에게 복음을 전했다. 오늘날 동신교회로 남아 있다.

점 거세게 일어나게 되었다.

노리마쓰 마사야스가 홀로 조선에 건너간 것은 명성왕후 시해 사건 이듬해인 1896년이었다. 조선 땅에 도착한 이래 그는 언어의 장벽, 문화와 관습의 차이, 경제적 곤란 등 여러 가지 어려운 현실에 부딪혔다. 그러나 조선인에게 복음을 전하는 일에 최대 장애는 그가 일본인이라는 것이었다. 가는 곳곳마다 그는 질시의 눈초리를 받았다. 복음을 전하는 모든 곳에서 그는 저항의 마음과 몸짓에 직면하게 되었다. 그런 조선인들에게 복음을 전하는 일은 진정 어려운 일이었다. 그럼에도 노리마쓰 마사야스는 조선인에게 복음을 전하고 가르치는 일을 멈추지 않았다. 그렇다고 조선인들이 사는 곳 한 가운데로 무작정 들어갈 수는 없었다. 그것은 정말 어려운 일이었다. 그는 일본인이 많이 몰려 있던 경성京城에 거주하며 한편으로 조선어를 배우는 가운데 전도활동을 이어갔다. 그렇게 힘들고 어렵지만 열정을 다한 3년이 지나 노리마쓰 마사야스는 잠시 귀국했다. 귀국했을 때 노리마쓰 마사야스는 같은 도신카이에 소속되어 있던 사토 쓰네코佐藤常子, 1875-1908와 결혼해 가정을 꾸렸다. 그리고 이듬해인 1900년 여름[11], 가족과 함께 다시 조선으로 돌아와 경성 남쪽 외곽에 있는 수원으로 갔다. 드디어 일본인들 사이에서의 안전한 전도가 아닌 조선인들 사이에서의 위험한 전도를 시작한 것이다. 그러나 노리마쓰 마사야스는 그 위험한 현실을 받아들였다. 그리고 귀국할 때까지 수원을 떠나지 않고 그곳을 거점으로 조선인들에게 전도했다.

유대인에게는 유대인처럼

그 무렵 일본에서 조선을 방문한 일본 도신카이의 친구가 그 당시 노리마쓰의 모습을 다음과 같이 전하고 있다.

"의복도 음식도 주택도 모두 조선식일 뿐만 아니라, 그 무렵 네다섯 살이었던 장남 요시노부細信가 조선어 외에는 말하지 않는 것을 보았다. 노리마쓰 형제가 사랑하는 아들에게 조선어만 가르치고 일본어를 가르치지 않는 것을 알고 놀랐다. 이것이 노리마쓰 형제가 조선 전도의 복을 받은 한 가지 이유라고 생각했다."

---

11) 1898년 연국인 선교사 허버트 조지 브랜드가 조선땅에 건너와 전도활동에 동참하면서 브랜드 선교사가 경성 지역 선교를 맡았고 노리마쓰 마사야스는 1900년 여름부터 수원시 매향동으로 옮겨 활동했다.

1905년 조선의 식민지화를 위해 설치된 통감부는 조선인에게 일본어 사용을 강요하기 시작했다. 관청의 모든 행정 언어에 일본어가 들어오기 시작했다. 당시 조선에 거주하던 일본인이 이런 상황에서 스스로 조선어를 배우지 않는 것은 당연한 일이었다. 그럴 필요가 없었던 것이다. 이런 시절에 노리마쓰 마사야스와 그의 가족이 한 일은 당시 일본인의 상식으로는 생각할 수 없는 것이었다. 노리마쓰 마사야스는 개의치 않았다. 조선인에게 복음을 전하고 그들의 마음에 평안을 주는 일이야 말로 그가 관심을 가진 유일한 것이었다. '유대인에게는 유대인과 같이 되었던' 사도 바울의 선교 행적을 그대로 따랐던 것이다.고전 9:20

노리마쓰 마사야스의 이런 헌신과 노력으로 그의 사역에는 풍성한 열매가 맺혔다. 수원과 경성뿐 아니라 조선 각지에서 노리마쓰 마사야스의 전도로 많은 사람이 복음을 받아들이고 신앙인으로 삶을 살기로 결단하는 사람들이 많이 생겨났다. 그가 가르친 조선인 전도자들도 일어나게 되었다.

그러나 그의 가정은 경제적 곤란이 매우 심했다. 어린 자녀가 넷이나 있던 그의 가정은 늘 빈곤했으며, 겨우 콩비지로 배고픔을 달래는 때가 많았다. 그러던 1908년 그의 부인 쓰네꼬가 네 아이를 남겨 두고 병으로 세상을 떠나고 말았다. 그 죽음은 노리마쓰 마사야스의 가정이 겪었던 빈곤과 관계가 없지 않았다. 그 후 남겨진 네 자녀와 함께 고생하고 있던 노리마쓰 마사야스는 역시 일본 도신카이의 가토 가즈코加藤和子와 재혼해 차츰 가정의 안정을 되찾았다.

1910년, 일본은 드디어 조선을 강제로 병합했고 서울 남산 자락에

총독부가 설치되었다. 이제 일본인에 의한 조선의 식민지 지배는 본격화되어 점차 가혹한 양상을 띠기 시작했다. 그런 가운데 그리스도의 사랑에 힘입은 노리마쓰 마사야스의 전도는 풍성한 열매를 맺어 많은 사람이 예수 그리스도를 향한 신앙을 받아들였으며 훌륭한 예배당도 건축되었다. 1912년의 보고에 따르면, 약 400명이 참가한 큰 집회가 열리기도 했다. 이 집회에서는 무려 49명이나 스스로의 결단으로 세례를 받았다.

조선에 뼈를 묻다

1914년, 노리마쓰 마사야스의 가족은 뼈를 묻을 각오로 건너왔던 조선 땅을 떠나 일본으로 귀국했다. 조선 전도에 대한 부담은 변함이 없었으나 긴 세월 동안 빈곤과 싸우면서 지속된 엄격한 전도 생활은 그의 건강을 크게 해쳐 귀국할 수밖에 없었다. 그때 조선인 신앙인들과의 이별 모습이 다음과 같이 전해지고 있다.

"사람들은 모두 줄을 서서 역까지 배웅했다. 일본인 한 사람이 조선 땅을 떠나면 조선 사람들이 참으로 기뻐했던 그 시대, 이것은 아름다운 이별이었다. 많은 사람에게 성대하게 배웅을 받는 이들이 조선의 역사에 없지는 않을 것이다. 그러나 이 정도까지 감사와 진심 어린 눈물로 조선사람들에게 배웅을 받은 일본인이 있으리라고는 생각할 수 없다."

노리마쓰 마사야스와 조선과의 관계에서 한 가지 유념할 일도 있었다. 그가 떠나있던 1919년 3월 1일, 조선에서는 독립을 요구하는 '3·1독립운동'이 일어났다. 무단정치를 내세워 헌병과 경찰력으로 지배해 온 일본과 총독부에 항거한 조선 민중의 항거 운동이었다. 이 운동은 각계각층의 조선인들이 참여한 독립운동이었으나 그 중심은 무엇보다 기독교회였다. 독립선언서에 서명한 사람들 중 절반에 가까운 수가 그리스도인이었다. 총독부가 착수한 탄압의 창끝은 당연히 기독교회를 향했다. 많은 기독교인이 수감 되었고 고문당했으며 죽임을 당하기까지 했다.

이때 노리마쓰 마사야스는 다시 조선에 건너와 머물며 독립운동이 거세게 일어났던 경성과 수원을 오가고 있었다. 그는 당시 많은 일본인과 마찬가지로 이 운동을 폭동으로 간주했다. 노리마쓰 마사야스는 "네 칼을 도로 칼집에 꽂으라"마 26:52는 성구를 인용하며 많은 사람들이 거리에 나와 항거하는 식의 독립운동을 경계했다. 아무리 조선인의 편에 서서 오랫동안 전도해 온 노리마쓰 마사야스라 할지라도 제한된 정보를 가진 당대의 일본인으로서 한계를 드러낸 것이라고 할 수 있다. 그는 한편으로 어떤 상황에도 복음을 전하는 참된 전도자였으나 다른 한편으로 그가 머물러 살던 시대의 한계를 넘어설 수 없던 한 인간이기도 했다. 우리는 결국 노리마쓰 마사야스의 인간적인 한계를 인정하는 가운데 그의 조선을 향한 변함없는 복음의 헌신을 살펴야 한다.

다시 찾은 조선에서 노리마쓰 마사야스의 조선인들을 향한 사랑은 한결같았다. 아니 이전보다 더 깊어지고 풍성해졌다. 그는 식민지 상황에서 불어오는 광풍 가운데 조선인 성도들의 안부를 염려했다. 조선의 많은 성도는 성치 않은 건강으로 위험을 무릅쓰며 조선 땅을 다시 찾아 온 그의 사랑에 감동하고 고마워했다.

그러나 그의 사역은 거기까지였다. 이때의 무리한 활동이 한 가지 요인이 되어 노리마쓰 마사야스는 2년 후인 1921년에 오다와라에서 하늘의 부름을 받았다. 노리마쓰 마사야스는 마지막 순간까지 조선 전도와 그 땅의 성도들을 염려하며 조선 땅에 자기 뼈를 묻어 달라고 유언했다. 그의 형제들은 그 유언에 따라 그가 전도했던 수원의 한 공동묘지에 부인과 함께 합장했다. 한국의 성도들은 그의 묘지 앞에 기념비까지 세워 두었는데 이후 노리마쓰 부부가 묻힌 공동묘지 자리에 일제 조선 식민지 정부가 요양소를 세운다는 계획을 발표함에 따라 할 수 없이 부부를 수원 동신교회 부지 내로 이장해 오늘에 이르고 있다.

"이름도 없는 노리마쓰 마사야스의 일본을 사랑한다."

오늘 그의 무덤 앞에는 애제자인 김태희가 지은 글을 새긴 기념비가 세워졌다. 여기에 노리마쓰 마사야스 부부의 조선 전도의 모습이 매우 감동적으로 기록되어 있다. 비문의 원문은 한문인데 그 전문의 번역은 다음과 같다.[12]

---

12) 비문의 원문은 다음과 같다.
　　[在主故乘松兄妹記念碑]
　　生爲主 死爲主 始爲人 終爲人 其生涯忠愛己 帶主使命而舍其一切所有 夫婦同心傳福音于朝鮮 數

주 안에 있는 노리마쓰 형제·자매 기념비

살아도 주를 위해, 죽어도 주를 위해,
처음도 사람을 위해, 끝도 사람을 위해,
그 생애 충심을 다하여 사랑하고,
몸소 주의 사명을 띠고 그 모든 소유를 버리며,
부부 한 마음이 되어 복음을 조선에 전하였네.

수십 년의 풍상에 그 고통이 어땠을까.
심폐(心肺)는 모진 고통으로, 몸은 냉기와 굶주림으로,
손발은 병으로 상하였으니
그 조선에서의 희생이 끝이 없었네.
그럼에도 불구하고 모든 삶에 오직 주를 의지하여
고생을 달게 받고 즐거움과 바꾸지 않았으며
그 일생은 기도와 감사였네.

우리 형제들을 많이 얻어 주 앞에 함께 모이니
주의 이름은 영광을 얻었으며
그 일생은 고난이었으나 영광이 되었네.
임종하면서도 조선의 형제들을 염려하며 말하기를 그치지 않고
조선 땅에 그 뼈를 남기기를 원하였네.

十年風霜其苦 何如 心肺疼痛 皮骨凍餓 手足病敗 其於朝鮮犧牲極矣 然動靜惟賴主 甘苦不改樂 其
生涯祈禱與感謝也 得我多兄弟 同會于主 主名得榮 其生涯苦而亦榮矣 臨終口不絶朝鮮兄弟 願遺其
骨於朝鮮 此所以爲我等之心碑而 至於主 在臨之日也矣

이런 까닭에 이를 우리 마음의 비心碑로 삼아
주의 재림의 날까지 이르리라."

1979년, 이 기념비가 내려다보이는 수원의 성서강당(동신교회) 터
에서 한국기독동신회 수원교회의 헌당식이 거행되었다. 그때 동신회
신도이며 시인인 이열李烈의 시가 낭독되었다. 이 시도 노리마쓰 마사
야스의 조선 전도를 잘 표현하고 있는데 감동적인 한 부분을 여기 소
개한다.

　　노리마쓰 형제가 뿌린 씨앗이 크게 그리스도의 수목으로 자랐
　습니다.

　　…우리는 도요토미 히데요시의 일본을 미워합니다. 이토
　히로부미의 일본을 미워합니다. 그들은 무력으로 우리나라를
　짓밟고 온갖 속임수로 우리 국민을 농락했습니다. 그러나 저
　이름도 없는 노리마쓰 마사야스의 일본을 사랑합니다. 노리마
　쓰 마사야스와 같은 선량한 일본인을 사랑합니다.
　　그는 어둠에 갇힌 우리나라에 참된 빛을 증언하기 위해 왔습
　니다. 절망의 바닥에서 한숨을 쉬는 우리 국민에게 생명의 나
　라를 바라보게 했습니다. 한복을 입고 한국어를 말했으며, 초
　가집에서 우리 국민들 가운데서도 가장 가난한 사람처럼 살면
　서 우리나라를 자신의 나라보다도, 자신의 자식보다도 더욱 사

노리마쓰가 세운 수원 동신교회. 오늘날까지 플리머스형제단의 정신을 이어가고 있다. 노리마쓰 부부의 묘역과 기념비가 남아 있다.

랑했습니다.

단순한 전설이 아닙니다. 그것은 역사적 사실입니다. 한국 기독교 선교 100년의 역사의 첫 장에 새겨진 언더우드와 아펜젤러와 같이 노리마쓰 마사야스도 이 나라에 그리스도의 복음을 전한 선구자입니다.

노리마쓰 형제는 한 푼의 선교비도 없이, 동역자 한 사람도 없이, 게다가 일본인을 적대시하는 위험 가운데 서울에서 떨어진 적적한 교외인 수원에서 조용히 하나님의 말씀을 전했습니다. 처음으로 배웠던 한국어 한마디인 '하나님'을 수없이 반복하면서 문명의 그늘에 방치된 시골 사람들에게 하나님의 말씀을 전했습니다.

때로는 생필품도 떨어지고 비지로 겨우 끼니를 이으며 소위

'대일본제국'의 일등 국민이 '불령선인'不逞鮮人 [13] 의 걸인처럼 굶주리면서도 하나님의 말씀을 전했습니다. 팔십여 년이 지난 오늘도 우리는 그의 자취를 봅니다. 노리마쓰 형제가 뿌린 씨앗이 싹트고 커다란 그리스도의 수목이 되었습니다.

…일본인이 남긴 흔적은 모두 없어졌지만 남아 있다 하더라도 보잘것없습니다. 그러나 여기 이 사랑의 사도가 마음을 다해 뿌린 씨앗은 이 나라의 신앙인 형제자매들이 자랑스럽게 키우고 돌보아 어느새 커다란 수목으로 자랐습니다.

이처럼 조선인을 이웃으로서 한결같이 사랑하며 조선인 전도에 목숨을 건 노리마쓰 마사야스의 신앙과 삶은 지금도 여전히 맥을 이어오고 있다. 그가 세상을 떠난 뒤 그를 따라 조선 전도에 뜻을 둔 일본인이 적지 않다. 물론 그 가운데 많은 수는 조선에 체류하고 있던 일본인을 대상으로 한 것이었다. 혹은 '일본조합기독교회' [14] 의 전도에서 전형적으로 보이듯이 총독부의 후원으로 일본의 식민지 지배에 편승해 진행된 조선인 전도였다. 그러나 한편으로 노리마쓰의 조선과 조선인을 향한 복음의 헌신은 이 책 7장에 소개한 오다 나라지織田楢次를 비롯한 많은 일본 기독교인 후배들에게 깊은 감동을 주었다.

---

13) 일제 강점기에 일본제국주의자들이 자기네 말을 따르지 않는 한국 사람을 불온하고 불량하다 하여 낮추어 부르던 말.

14) 일본조합기독교회는 전전(戰前) 개신교 주류파의 하나로, 일본에서 활동한 미국해외선교회 소속 선교사 그린(D. G. Green, 1843-1913)으로부터 시작되었다. 미국해외선교회의 교회개척 사역에 도시샤 대학을 졸업한 구마모토밴드 출신 전도자들이 합류하면서 조합교회 조직의 원류가 되었다. 처음부터 회중제(會衆制)를 채택하였으며, 1886년에 일본조합기독교회를 설립했다. 1941년 일본기독교단에 통합되면서 조합교회는 해체되고 말았다.

나는 노리마쓰 마사야스가 조선에 건너간 지 정확히 100년 후인 1996년에 니가타성서학원의 연수 여행으로 수원에 있는 한국기독동신회 수원교회를 방문할 수 있었다. 그 교회의 주보에는 기독동신회 '개교 1896년 12월'이라고 쓰여 있었고, 노리마쓰 마사야스에 의해 전도가 시작된 것을 명시해 두고 있었다. 교회 경내에는 노리마쓰 부부의 묘역과 기념비가 있었는데 바라보는 내내 참으로 감동적이었다. 유언대로 한국의 흙이 된 노리마쓰 마사야스가 "수치는 우리에게, 영광은 하나님께!"라고 말을 걸어오는 것 같았다.

그리스도 안에서 조선 사람을 자신의 이웃으로 품고 살아 온 노리마쓰 마사야스의 신앙과 삶은 지금도 여전히 한국 땅에서 진한 향기로 발하고 있다. 그땅을 식민지로 삼은 나라 사람, 그러나 그땅을 복음으로 지극히 사랑하여 헌신한 노리마쓰 마사야스가 일본 최초의 선교사였다는 것에 마음으로부터 깊이 감사드린다.

일본 최초의 개신교 선교사,
그 이음의 사역

김재건 목사
나무와 열매교회 담임
블레싱재팬 이사

사도행전 16장 9절
밤에 환상이 바울에게 보이니 마게도냐 사람 하나가 서서
그에게 청하여 이르되 마게도냐로 건너와서 우리를 도우라 하거늘

『한국과 일본을 잇는 다리가 된 10인의 일본인-사랑으로 잇다』는 충격적일 만큼 놀라운 책이다. 망치로 머리를 세게 얻어맞은 느낌이다. 조선을 수탈하고 조선인들을 가혹하게 다루던 일본제국주의자들과는 달리 노리마쓰 마사야스는 자신과 가족의 끼니를 거르면서까지 하나님의 사랑으로 조선 사람들을 위해 힘썼다. 그의 선교는 말 그대로 바울의 사역을 떠올리기에 충분하다. "세상에 영국인이 되고 싶어하는 사람은 많습니다. 미국인이 되고 싶어하는 사람도 많습니다. 그럼에도 노리마쓰 형제는 조선사람이 되었습니다. 이 사랑이 어떠한 사랑입니까." 노리마쓰 마사야스에 의해 전도자 된 김태희의 말은, 굳이 선교사들뿐 아니라 모든 그리스도인에게 도전이 되는 선명한 한마디이다.

지금 한국과 일본의 관계는 평행선을 달리는 열차처럼 좀처럼 그 접점을 찾기가 힘들다. 외교적 단교를 언급하는 극단적인 주장까지 나오는 상황이다. 이런 상황에서 『사랑으로 잇다』를 읽으며 막힌 담을 헐고 다리가 되려는 노력을 기울인 일본 기독교인들의 헌신과 수고에 고개가 숙여진다. 더불어 우리 한국교회에도 복음으로 '다리가 되는 그리스도인들'이 있을까 생각해 본다. 지금 일본과 전 세계에 적지 않은 선교사들이 파송되어 복음 전도에 힘쓰고 있는 선교적 부흥의 현실에서 우리는 과연 그리스도의 사랑과 평화를 전하는 가교로서 헌신하고 있는가. 백 년 전 노리마쓰 마사야스는 우리가 선교라는 이름으로 나아가야 할 길을 다시 바르게 정위하게 하는 훌륭한 선배이다.

바울은 마게도냐의 형제들이 손짓하는 환상을 보고서 아시아와 비두니아 그리고 본도로 가려던 계획을 바꾸어 그들에게로 갔다. 그것은 성령의 인도였고 바울은 그것에 순종했다. 그리고 전혀 생소한 땅 마게도냐로 갔다. 마게도냐로 가기 위해 그는 드로아에서 배를 타고 사모드라게를 지나 네압볼리를 거쳐 갔다. 그의 행보는 예수 그리스도를 알지 못하는 어둠의 땅 마게도냐, 그리고 헬라 땅 전체와 나아가 이달랴 로마에 이르는 '선교적 잇기'의 선구적 행보였다. 당연히 그 연결의 행보는 쉽지 않았다. 지금도 복음으로 다리를 잇는 일은 쉽지 않다. 그 일로 부르심을 받은 이들의 열정과 헌신이 그것을 가능하게 한다. 노리마쓰 마사야스의 선구적 선교는 예수님과 바울 그리고 신앙과 선교의 선배들의 수고와 헌신을 잇는 또 하나의 귀중한 족적이다. 우리가 따르고 남겨야할 '복음적 이음'의 족적이다.

제2장

다우치 지즈코
한국 고아 3천 명의 어머니

田內千鶴子, 1912-1968,

한국명 윤학자尹鶴子

다우치 지즈코(田內千鶴子, 1912-1968)

　어느 시대나 어느 나라든지 전쟁과 자연재해 등으로 비극적인 희생
자가 되어 모진 생활을 강요받는 이들이 있게 마련이다. 그들 가운데
가장 애달픈 삶을 사는 이들은 부모를 잃은 고아들일 것이다. 전쟁과
같은 엄혹한 상황에서 장성한 성인도 아니고 아직 여린 아이들이 부
모를 잃는다는 것은 생존이 불가능하게 되는 것을 의미한다. 하나님
은 이런 고아들을 사랑하신다. 그리고 그들을 돌보신다. 하나님께서
는 당신의 사람들이 고아와 같은 가난한 이들을 살피고 돌볼 것을 명
령하셨다. 그래서 성경은 여러 곳에 걸쳐 고아와 과부 그리고 여행자
들에 대한 보호와 공정한 처우를 가르치고 있다.출 22:22, 신 16:11, 16:14, 사 1:17,

이런 성경 말씀에 힘입어 조선의 남쪽 지방 호남이라 불리는 땅끝 목포시에서 한국 고아 3천 명을 양육한 일본인이 있다. 그녀의 이름은 다우치 지즈코田內千鶴子, 한국에서는 윤학자로 알려져 있다-역자주이다. 이제 식민지 시절과 한국전쟁기간 내내 목포 고아들의 어머니 역할을 다했던 그녀의 삶과 사역을 소개하고자 한다.

하나님의 말씀에 힘입어

다우치 지즈코는 1912년에 시코쿠四國 지방 고치현 도사군 시모지촌高知縣土佐郡下知村, 지금의 고치시 와카마쓰정高知市若松町에서 태어났다. 그녀가 태어나기 2년 전, 일본은 조선을 강제 병합하고 가혹한 식민지 지배에 들어갔다. 그녀의 아버지는 일본 정부의 관리였는데 그녀가 한국에 건너간 것은 1919년 일곱 살 때였다. 아버지 다우치 도쿠지田內德治가 조선 총독부의 목포지청 관리가 되어 조선에 가게 된 것이다. 아버지 다우치 도쿠지는 조선에 부임하자 바로 총독부 목포지청에 발령을 받았다. 그래서 다우치 지즈코는 가족과 함께 조선땅 남쪽 끝에 있는 항구 도시 목포로 가게 되었다. 다우치 지즈코는 조선 총독부 관리의 외동딸로서 조선에서 비교적 윤택하게 생활했다.

그런데 목포공립고등여학교에 재학하던 열일곱 살 때 다우치 지즈코의 아버지는 병으로 세상을 떠나고 말았다. 그 후 어머니 하루春는 생계를 위해 조산사助産師로 일하면서 외동딸을 양육하고 교육했다. 다우치 지즈코는 여학교 졸업 후, 은사였던 다카오 마스타로高尾益太郎의 부인에게 오르간을 배우게 된다. 이 과정에서 다우치 지즈코는 어머니의 신앙과 다카오 부부의 영향으로 자연스럽게 기독교 신앙을 받아들였다.

스물네 살을 맞은 어느 날, 다카오는 다우치 지즈코에게 목포에 있는 '공생원'共生園이라는 고아원의 일을 돕도록 권유했다. 이 고아원은 조선인 그리스도인 윤치호尹致浩, 1909-1951가 운영하고 있었다. 윤치호는 열두 살에 아버지를 여의고 어머니와 5남매의 생계를 책임지는 소년 가장이 되었다. 이때 사정을 안타깝게 여긴 미국인 선교사 줄리아 마틴Julia A. Martin, 1869-1944이 딱한 그를 도왔다. 선교사의 도움으로 윤치호는 경성의 피어선고등성경학당에서 1년간 공부했다. 그렇게 학교를 졸업하고 1년 후 윤치호는 정식으로 전도사 자격을 받고 목포에 내려와 목포 양동교회에서 전도사로 봉사하고 있었다.

1928년, 열아홉 살의 윤치호는 거리의 전도자로 살고 있었다. 그때 그는 다리 밑에서 떨고 있던 일곱 명의 고아들을 발견하여 자기집에 데려와 함께 생활하게 된다. 이것이 목포 '공생원'의 시작이었다. 고아의 수는 점점 늘어났다. 이윽고 윤치호는 자기 집에서 수십 명을 수용하기에 이른다. 그는 마치 거지처럼 주변 사람들에게 구걸을 해가며 고아들의 먹을거리를 마련했다고 한다. 때문에 목포 사람들은 그를 전도사보다는 '거지 대장'이라고 불렀다.

1936년 다우치 지즈코는 봉사활동을 위해 그 공생원에 갔다. 그리고 거기서 윤치호와 어린아이들이 함께 살아가는 모습을 보게 되었다. 그것은 그녀에게 한편으로 충격이었고 다른 한편으론 은혜로운 광경이었다. 다우치 지즈코는 자신을 공생원으로 인도한 다카오의 말을 하나님의 말씀으로 들었다. 그녀는 하나님의 고아와 과부를 돌보라는 말씀에 힘입어 성심껏 공생원을 도왔다.

일본인 그리스도인의 책임

왜 조선인 고아가 늘어나고 있었을까? 조선을 강제 병합한 일본 정부는 총독부를 설치하고 무력과 강압으로 조선을 지배했다. 그때 총독부는 중요한 정책의 하나로 '토지 조사 사업'을 추진했다. 당시 조선은 왕조의 오랜 통치 기간을 지나오면서 토지의 경계선과 소유자가 확실하게 특정되지 않은 경우가 많았다. 한 토지에 대한 공유자도 많았다. 총독부는 그런 토지를 조사하여 근대적인 토지 소유 제도를 도입하겠다고 선전했다. 그러나 그 신고 절차가 복잡했다. 당연히 토지를 신고하지 않는 조선인이 많았다. 총독부에 저항해 신고하지 않은 사람도 많았다. 그 결과는 뻔했다. 소유자가 특정되지 않은 토지 장부가 쌓여갔고 총독부는 이 토지들을 모두 몰수해 조선에 진출한 일본인들과 친일파로 불리는 조선인들에게 싼값에 넘겼다.

토지를 잃은 많은 조선 사람들은 그들의 땅으로부터 쫓겨나 유랑하는 생활을 하게 되었다. 그들 대부분은 경성과 같은 대도시 혹은 목포와 같은 작은 도시로 나와 살며 극심한 생활고를 겪었다. 일부는 만주나 일본 등지로 넘어가 떠도는 유랑민으로 전락하기도 했다. 도시의 하층민으로 혹은 유랑민으로 사는 일은 쉽지 않았다. 그들은 생활고

다우치 지즈코와 윤치호의 가족 사진.
다우치 지즈코는 한국명 윤학자로
불리기를 더 좋아했다.

로 인해 부득이하게 아이들을 버리거나 고아원에 맡기기도 했다. 다카오는 다우치 지즈코에게 일본의 부당한 통치방식으로 희생된 고아들을 돕는 것은 일본인 그리스도인들의 책임이라고 말했다. 그리고 그 말은 다우치 지즈코의 마음을 울렸다.

1936년, 다우치 지즈코는 일본인으로서 책임을 다하려는 마음, 그리고 신실한 신앙인으로서 고아들에 대한 돌봄의 사명을 감당하기 위해 공생원에 갔다. 다우치 지즈코는 공생원에서 아이들에게 음악과 일본어를 가르쳤다. 다우치 지즈코가 처음 방문했을 때 공생원은 상상 이상으로 열악한 시설이었다. 다다미 서른 장 정도가 깔린 방에 사오십 명의 고아들이 함께 생활하고 있었다. 윤치호는 그 모든 아이들을 혼자서 돌보고 있었다. 다우치 지즈코는 이내 공생원 생활에 뛰어들었다. 그리고 그 곳에서 없어서는 안 될 사람이 되었다.

두 해가 지난 어느 날, 윤치호와 다우치 지즈코 사이에는 자연스럽게 혼담이 오갔다. 주변의 일본인들은 식민지 사람일 뿐 아니라 거지대장이라고 멸시를 받는 조선인과 혼인하는 것은 일본인의 수치라며 심하게 반대했다. 그러나 다우치 지즈코의 어머니는

"혼인은 국가와 국가가 하는 것이 아니라 사람과 사람이 하는 것!

하나님의 나라에서는 조선인도 일본인도 구별이 없이 모두 하나님
의 자녀다."

라고 말하며 다우치 지즈코와 윤치호의 결혼에 힘을 실어 주었다.
그렇게 어머니의 격려와 윤치호의 성실한 인품과 신앙으로 결국 두
사람은 혼인에 이르게 된다.

1938년 10월 15일 공생원이 10주년을 맞은 날, 목포공회당^{현 목포상공}
^{회의소}에서 스물여섯 나이인 다우치 지즈코와 스물아홉 나이인 윤치호
는 교우들과 오십여 명의 원아들의 축복을 받으며 혼례를 치르고 부
부로 생활을 시작했다. 이제 다우치 지즈코는 공생원 고아들의 어머
니가 된 것이다. 가난한 가운데서도 사랑하는 남편과 많은 고아에게
둘러싸인 다우치 지즈코의 생활은 행복했다.

커다란 시련

1945년 8월 15일, 일본의 패전과 함께 윤치호, 다우치 지즈코 부부
에게 커다란 시련이 밀어닥쳤다. 한국이 독립되자 그때까지 억눌려
있던 반일 감정이 사람들 사이에서 분출했다. 다우치 지즈코가 일본
인이었기에 윤치호 부부는 친일파로 여겨져 목포 사람들의 습격을 받
았다. 그때 원아들은 "우리 아버지, 어머니에게 손대지 마세요!"라며
부부의 주위를 둘러싸고 눈물로 호소했다. 그 바람에 분노에 찬 목포
사람들도 어쩔 수 없이 공생원에서 철수하게 되었다.

조선이 일본의 식민지 지배에서 해방됨에 따라 일본인은 자국으로 돌아가게 되었다. 다우치 지즈코는 남편과 함께 조선에 남는 길을 택했지만, 그녀의 연로한 어머니는 귀국하지 않으면 안 되었다. 윤치호는 연로한 장모와 임신 중인 부인을 생각하며 고심한 끝에, 다우치 지즈코에게 일본으로 귀국하도록 권유했다. 다우치 지즈코는 결국 그 설득을 받아들였다. 그녀는 셋째 아이를 가진 채 연로한 어머니와 두 아이의 손을 이끌고 혼돈의 귀환 행렬과 함께 일본으로 건너갔다. 그러나 그녀에게 공생원은 고향과 같은 곳이었다. 공생원이 바로 그녀의 집이었다. 2년이 채 되지 않은 때에 다우치 지즈코는 남편과 고아들이 기다리는 목포로 돌아왔다. 공생원의 아이들은 "어머니가 돌아왔다!"라며 큰 기쁨으로 다우치 지즈코를 맞았다.

그렇게 기쁨을 나누던 시간도 잠시, 또 다시 커다란 시련이 다우치 지즈코와 공생원에 찾아온다. 해방 후 곧 시작된 미소 냉전의 결과로 1950년 한국 땅에는 비극적인 전쟁이 발발했다. 이 전쟁의 결과로 많은 사람이 목숨을 잃었고 또 많은 사람이 가족과 헤어졌다. 지금도 남북한 사이 이산가족의 비극은 계속되고 있다. 전쟁의 참혹한 불길은 한국의 남부지방에 있는 목포에도 불었다. 전쟁이 시작되고 얼마 지나지 않아 공생원에 북한군이 난입했다. 이번에 윤치호는 고아 구제라는 명목으로 인민의 금전을 사취했다는 죄목을 얻어 인민재판에 회부 되었다. 그러나 목포시민들은 윤치호와 다우치 지즈코 부부가 그때까지 해온 일을 잘 알고 있었고 그들을 마음 깊이 존경하고 있었다. 누구 한 사람도 고발은커녕 오히려 부부를 변호하는 일에 나섰다. 결국 윤치호는 방면되었다. 대신 그 지역의 인민위원장직을 맡아야 한

윤치호가 세우고 다우치 지즈코가 지킨 목포의 공생원, 해방과 한국전쟁을 거치며 수많은 고아들의 고향과 집이 되어주었다.

다는 조건이 달린 석방이었다.

그런데 몇 개월이 지나고 상황은 다시 바뀌게 되었다. 북한군이 철수하자 이번에는 한국군이 목포에 들어왔다. 목포를 수복한 한국군은 다시 윤치호를 공산군 협력자로 지목했다. 그는 다시 체포되어 취조를 받았다. 윤치호는 결국 석방되지만, 전쟁 가운데 늘어난 고아들과 난민 오백여 명의 식량을 구하러 광주로 갔다가 결국 행방불명이 되고 만다. 윤치호는 다시는 목포와 공생원 고아들 그리고 다우치 지즈코에게 돌아오지 못했다.

"이 상을 받아야 할 사람은 저의 남편!"

다우치 지즈코는 이런 거친 풍랑 같은 시련의 시절 내내 필사적으로 공생원을 지켰다. 고아들은 하루가 멀다하고 영양실조로 목숨을 잃는 상황이 반복되었다. 주변 사람들은 그 상황을 차마 볼 수 없어서 다우치 지즈코에게 고아원을 폐쇄하고 귀국할 것을 권유했다. 그러나 다우치 지즈코는 전쟁으로 부모를 잃은 아이들, 버림받은 아이들 5백 여 명을 돌보며 끝까지 공생원을 포기하지 않았다. 다우치 지즈코는 한국어를 만족스럽게 구사할 수 없었다. 그럼에도 부끄러움도 체면도 잊고 스스로 리어카를 끌며 아이들의 식량을 구하러 돌아다녔다. 어찌나 많이 돌아다녔던지 그녀의 발은 항상 부르터 있었다. 다우치 지즈코는 이제 명실공히 공생원의 '2대 원장이자 거지대장'이 된 것이다. 원아들도 어머니 같은 다우치 지즈코를 도왔다, 아이들은 구두닦이나 봉투 붙이기 등을 해서 공생원의 생계를 도왔다.

다우치 지즈코와 공생원 아이들의 눈물어린 고생과 노력에 드디어 하늘 하나님께서 응답하셨다. 먼 나라 미국의 기독교 구호 단체가 공생원을 돕기로 해 그들의 지원을 받는 길이 열리게 되었던 것이다. 일본인이 운영하는 고아원을 외면하기만 하던 한국 정부의 협력도 이어졌다. 정부의 협력으로 공생원은 곧 공생복지재단이 되었다. 그리고 고아들의 자활을 위해 목장도 갖추게 되었다. 영양실조로 아이들이 죽어나가던 공생원, 다우치 지즈코가 힘들게 품팔이를 하며 지켜낸 공생원이 이제 고아들의 자립을 제대로 도울 수 있는 공적인 기관이 된 것이다.

1963년 다우치 지즈코는 한국 정부로부터 '대한민국 문화훈장 국민장'을 수여 받았다. 아직 일본과 한국의 국교가 정상화되기 전으로 일본인에게 이 상을 수여했다는 것은 참으로 이례적인 일이었다. 수

상식에서 다우치 지즈코는 하얀 치마저고리를 입고 단 위에 올라갔다. 그리고 그녀는 이렇게 수상소감을 말했다.

"이것을 받아야 할 사람은 저의 남편 윤치호입니다. 저는 그저 남편을 대신해서 일한 것뿐입니다."

목포는 울었다!

공생원과 다우치 지즈코가 행복하던 시절도 오래가지 않았다. 한국은 불안정한 정국에 휘말리게 되었다. 그런 가운데 해외로부터 오던 원조는 중단되었다. 그녀는 다시 일어서야 했다. 그리고 결국 이 모든 어려움 가운데 다우치 지즈코는 폐종양을 얻게 되어 두 달이나 입원하게 된다. 다우치 지즈코는 병원에 누워만 있을 수 없었다. 어느 정도 병세가 호전되어 퇴원하게 되자 다우치 지즈코는 병든 몸을 무릅쓰고 일본을 방문한다. 그녀는 최선을 다해 가두모금을 시도했다. 그러나 생각처럼 모금이 되지 않았다. 그녀는 병이 악화되어 다시 쓰러졌다. 그때 다우치 지즈코는 주변 사람들에게 수술을 권유받았다. 그러나 그녀는 이렇게 말하며 그들의 충고를 거절했다.

"일본에서 수술할 비용이 있다면 한국 고아들의 교육비로 쓰고 싶다."

그리고 다우치 지즈코는 이내 한국으로 돌아왔다. 한국에 돌아온 다우치 지즈코는 당장 목포로 갈 수 없었다. 그녀는 일단 서울에서 일 년간 병원 신세를 지고나서야 목포에 돌아왔다. 그것이 그녀의 마지막 여행이었다.

1965년 한일 국교가 정상화되고, 그 삼 년 사이에 다우치 지즈코는 투병생활을 이었다. 그리고 그 끝에 그녀는 공생원에서 원아들과 교우들의 기도 가운데 하나님의 부르심을 받았다. 다우치 지즈코가 세상을 떠나자 목포시는 시 역사상 처음으로 시민장을 거행했다. 전국에서 모여든 공생원 출신의 고아들을 포함해 약 3만 명의 시민이 장례식에 참석했다. 그날 장례예배에서 공생원 원아를 대표한 열일곱 살 소녀의 감동적인 조사弔辭에 참석자 일동은 눈물을 쏟았다. 그 모습을 목포의 지방신문은 "목포는 울었다!"라고 보도하고 있다.

이후 목포 공생원은 윤치호와 다우치 지즈코의 뒤를 이어 스물여섯 살 장남 윤기尹基가 맡게 되었다. 공생원의 3대원장 윤기는 20여 년간 공생원을 위해 봉사했다. 현재는 다우치 지즈코의 외손녀인 정애라씨가 원장으로 공생원의 일을 잇고 있다. 다우치 지즈코와 윤치호의 공생원은 지금도 목포에서 고아와 가난한 이들을 위한 기관으로 봉사를 이어가고 있다. 1995년 다우치 지즈코의 극적인 생애가 한국과 일본이 공동 제작한 '사랑의 묵시록'愛の黙示録이라는 영화로 소개되었다. 그리고 2012년 '다우치 지즈코 탄생 100주년 기념행사'가 한국과 일본에서 성대하게 치러졌다. 고아 구제에 일생을 바친 다우치 지즈코의 삶과 신앙은 지금도 여전히 한국과 일본 사이에 다리가 되어 이어지고 있다.

작고 가난한 영혼들을 향한
섬김의 다리

손창남 선교사
전 OMF 대표
현)동원부 담당

마태복음 25장 40절
임금이 대답하여 이르시되 내가 진실로 너희에게 이르노니
너희가 여기 내 형제 중에 지극히 작은 자 하나에게 한 것이
곧 내게 한 것이니라 하시고

　다우치 지즈코는 진정한 하나님의 다리를 잇는 사람이었다. 일제 강점기 조선 땅에서 살았던 일본인으로 편하게 살 수 있는 길을 마다하고 고아들을 돌보는 어려운 길을 걸었다. 그녀는 해방되면서 조선 사람들로부터 받았던 일본인으로서의 고통과 한국전쟁이라는 고난의 세월 가운데에도 그녀가 서 있어야할 자리를 지켰다. 다우치 지즈코는 한국에서의 생활에서 무엇보다 중요한 기반이었을 남편 윤치호를 잃어버리는 경험도 하게 되었다. 그럼에도 그녀는 그 모든 난관 가운데에서도 굳건하게 공생원의 고아들을 위해 헌신하고 수고하는 삶을 내려놓지 않았다. 그녀는 한 마디로 겪지 않아도 될 고난을 겪는 가운데 이 땅의 어린 생명을 위해 수고를 아끼지 않은 진정한 그리스도

인이었다.

다우치 지즈코는 남편 윤치호가 실종된 후에도 공생원의 고아들을 위해 일본인으로서 하기 어려운 일들을 마다하지 않았다. 그녀의 한 평생은 일본이나 어느 다른 나라의 고아들을 위한 것이 아니었다. 그녀는 이 땅 우리네 아버지와 할아버지, 어머니와 할머니 세대가 겪었던 어려움, 그 한 가운데서 이 땅의 고아들을 위해 살았다. 그렇게 그녀는 자기 나라 일본이 아니라 그녀가 헌신한 이 땅 공생원에서 하나님의 품으로 갔다. 5백 명이나 되는 고아들을 먹이기 위해 하루 하루 리어카를 끌고 다니기를 부끄러워하지 않는 거지대장이 되었다는 이야기에서 나는 눈물이 흘렀다. 그 글을 읽는 순간만큼은 일본인이라는 편견이 아니라 한 명의 고결한 그리스도인의 헌신된 삶을 올곧이 바라볼 수 있었다.

윤학자라는 한국 이름으로 더 잘 알려진 다우치 지즈코의 삶을 보면서 나는 마태복음 25장에 기록된 주님의 말씀이 생각났다. "내가 주릴 때에 너희가 먹을 것을 주었고 목마를 때에 마시게 하였고 나그네 되었을 때에 영접하였고 헐벗었을 때에 옷을 입혔고 병들었을 때에 돌보았고 옥에 갇혔을 때에 와서 보았느니라." 다우치는 예수님께서 말씀하신 것과 같이 그녀의 당대에 가난한 이들을 돌보고 품는 일을 주저하지 않았다, 나는 이제 그녀가 주께서 주신 면류관을 쓰고 주님의 품 안에서 평안히 쉬고 있으리라 믿는다. 누구보다 그녀는 그럴 자격이 있다. 우리도 평생을 하루 같이 헌신하며 살았던 그녀의 삶을 진중하게 본받아 우리 각자의 사역의 자리에서 가난한 이들을 위해 다리가 되기를 주저하지 말아야겠다.

제3장

니시다 쇼이치
조선인을 위해 목숨을 건 일본인

西田昌一, 1912-1985

니시다 쇼이치(西田昌一, 1912-1985)

제국주의 시절 일본인이 피식민지 조선인에게 복음을 전하는 일은 여러 가지 의미를 갖는다. 하나는 정복민이 피정복민에게 우월감을 가지고 종교를 권유하는 형태일 수 있다. 다른 하나는 정복민이 피정복민에게 사죄의 마음으로 신앙을 나누고자 하는 모습이다. 당시 일본 기독교의 조선인들에 대한 태도는 대체로 이 두 가지 마음 사이 어딘가에 위치해 있었다. 일본인 기독교인들은 일본인과 조선인 사이에서 지배와 피지배 관계를 애써 무시하면서 서로 교류한 것이 사실이다. 현실은 무시하고 신앙만 나누자는 식의 태도였다.

그런데 신앙이라는 것이 현실과의 분리가 쉽지 않은 것 또한 사실이다. 조선 땅에서 사역하던 일본인 목회자들은 자기 교회에서 함께 신앙생활하는 조선인 그리스도인들의 삶을 마냥 외면하기 어려웠다. 어떤 형태로든 조선인들이 선 자리 어딘가에서 그들과 삶을 나누게 마련이었다. 그러다 자연히 조선인들의 자리에서 하나님을 바라보고 복음을 전하며 신앙인의 삶을 이야기했다. 조선에서 일본인만을 위한 목회 사역은 어렵지 않았을 것이다. 그러나 조선에서 조선인을 위한 목회 사역은 그만한 대가가 있었다.

여기 조선 전도에 생의 절반을 헌신했으며, 일본이 태평양 전쟁에서 패배한 이듬해 기독교 서점 세이분샤聖文舍를 창업하여 기독교 문서 전도에 커다란 족적을 남긴 니시다 쇼이치西田昌一 가 있다. 그는 조선에 와서 복음을 전하다가 조선인과 함께 하는 목회자가 되었다. 그렇다고 그가 조선인이 된 것은 아니었다. 그는 그냥 일본인 목회자였다. 동시에 그는 조선인을 목회하던 일본인 목회자였다. 그래서 니시다 쇼이치의 삶과 사역, 그 의미를 읽어내는 일은 쉽지 않다. 그런데 그를 성결교회 목회자라는 안목에서 바라보게 되면 일본인 목회자와 조선인 그리스도인 사이 그가 걷고 사역하며 나누고자 했던 뜻이 보인다. 그는 조선인 그리스도인을 위해 모든 수고와 헌신을 아끼지 않은 일본인 목회자였다.

신앙인이 되어 한국에 오기까지

니시다 쇼이치는 1912년 가와무라川村 집안의 둘째 아들로 고베神戶

시에서 태어났다. 그의 원래 이름은 가와무라 쇼이치川村昌―였다. 그의 어머니는 출산 후 심한 산후열産後熱로 세상을 떠나고 말았다. 가와무라 집안은 매우 어려웠다. 결국 그의 아버지는 어려운 상황에 아들을 맡아 키우기가 어렵다고 생각해 가깝게 지내고 있던 니시다 규지로西田久次郎라는 사람에게 아들을 양자로 입양시켰다. 이렇게 해서 어린 쇼이치의 성은 가와무라에서 니시다로 바뀌게 된다.

그 후 니시다 쇼이치는 진조소학교尋常小學校, 메이지 시대부터 제2차 세계대전 직전까지 존재했던 초등 교육기관의 명칭를 졸업한 후, 3년제인 미쓰비시직공학교三菱職工學校, 옛 중등교육과정의 공업학교에 입학해 거기서 중등교육과정을 마쳤다. 그런데 이 학교에는 성서연구회가 조직되어 있었다. 니시다 쇼이치는 여기에 가입하여 성경을 공부하게 되었다. 그리고 성경이 가르치는 것들에 깊이 빠져들게 된다.

성서연구회 활동을 통해 니시다 쇼이치는 고베의 신카이치新開地에 있던 미나토가와전도관湊川傳導館으로 인도된다. 그리고 여기서 니시다 쇼이치는 일련의 구도자 과정을 보낸 후, 전도관을 이끌고 있던 호리우치 분이치堀内文― 목사에게 세례를 받았다. 이때 그의 나이가 열네 살이었다. 조선 전도에 큰 족적을 남긴 오다 나라지織田楢次도 그가 세례받기 일 년 전에 미나토가와전도관에서 역시 호리우치 목사에게 세례를 받았다. 신비로운 은혜의 인연이다.

니시다 쇼이치는 직공학교를 졸업하고 곧 미쓰비시 조선회사에 의무 입사하여 근무했다. 그러나 그는 이미 회사에 다니며 먹고사는 일보다는 복음을 전하는 일에 깊은 관심을 갖고 있었다. 그는 곧 전도자로 소명을 받고 1929년 가을에 고베시의 미카게御影에 있던 성서학사

聖書学舎, 현재의 간사이성서신학교에 입학했다. 신앙과 신학교 선배이며 조선 전도의 선배이기도 한 오다 나라지는 일 년 전에 신학교를 졸업하고 이미 조선으로 건너가 있었다.

그가 성서학사에 입학한 이듬해 학교는 미카게에서 현재의 장소인 시오야塩屋로 이전했다. 당시에 학사는 인가에서 떨어진 산 위 독립된 가옥으로 있었다. 학생들과 일단의 신앙인들이 제아무리 큰 목소리로 찬송을 부르며 기도하더라도 어떤 방해도 받지 않는 곳이었다. 신학 훈련 뿐 아니라 기도와 전도를 위한 훈련을 하기에도 안성맞춤인 곳이었다.

그해, 일본 교회에는 부흥운동의 물결이 크게 일고 있었다. 일본성결교회日本ホーリネス教会의 신학교인 성서학원[15]에서 시작된 부흥운동의 물결은 곧 간사이関西지방에도 파급되었는데 니시다 쇼이치가 다니던 성서학사에서도 당연히 큰 부흥의 불길이 불어닥쳤다. 교수들과 학생들은 매일 열렬한 기도회로 모이고 교내는 기도와 찬송의 영으로 가득했다. 집회와 기도회에서 은혜 받은 학생들은 가만히 있지 않았다. 그들은 성령의 인도를 받아 거리로 나갔다. 그리고 노방전도를 통해 많은 사람을 구원의 길로 인도했다.

이런 분위기 속에서 니시다 쇼이치는 착실하게 성경과 신학, 그리고 신앙과 전도를 훈련받아 1932년에 학사를 졸업했다. 그리고 일본

---

15) 전전(戰前)에 일본성결교회 교역자양성을 위한 신학교육기관이었으며, 1901년 4월에 나카다 주지(中田重治, 1870-1939)와 미국인 선교사 찰스 엘머 카우먼(Charles Elmer Cowman, 1864-1924)이 도쿄 간다진보초(神田神保町)에 있던 중앙복음전도관 안에서 시작한 성서학교로서 1904년 학사를 도쿄 가시와기(柏木, 지금의 신주쿠구〈新宿區〉)로 옮긴 후 '성서학원'으로 불렸고, 지역이름을 붙여 '가시와기성서학원'으로도 불렸다. 참고로 전전(戰前)의 이 성서학원은 현재의 일본성결교단의 도쿄성서학원과는 별개 조직이다.

전도대에 들어가 일본 각지에서 전도했다. 그러나 얼마 지나지 않아 니시다 쇼이치는 결혼 문제로 전도대를 탈퇴하게 된다. 이 단체는 전도자의 결혼 상대는 같은 전도자이어야 한다는 규칙을 정하고 있었는데, 그의 결혼 상대자는 전도자가 되기를 거부했다. 결국 둘 사이 결혼은 이뤄지지 않았다. 그리고 이것이 문제가 되었다. 니시다 쇼이치는 결국 전도대로부터 탈퇴하게 된다.

마침내 한국에 오다

니시다 쇼이치는 전도대를 탈퇴한 후, 이전부터 존경해 오던 일본 성결교회의 지도자 나카다 주지中田重治 감독을 방문했다. 그리고 그에게 신학교에서 다시 공부하고 싶다고 말하고 그의 상담을 받았다. 나카다는 그때 니시다 쇼이치에게 이렇게 말했다.

"그리스도의 재림이 눈앞에 다가오고 있네. 일본은 이대로 괜찮아. 그대는 즉시 조선으로 가게나."

니시다는 나카다 감독의 권유를 따라 1934년 봄 조선 남동부 경상남도에 있는 일본성결교회 소속 진주교회에 부임했다.

처음 일 년 정도 니시다 쇼이치는 조선 땅에 거류하고 있는 일본인을 상대로 전도했다. 그러나 그 과정에서 니시다 쇼이치는 심경에 커다란 변화를 경험한다. 거리에서 일본어로 전도해도 모여드는 사람은 조선인이 대부분이고 일본인은 실제로 소수에 지나지 않았다. 마침내 니시다 쇼이치는 '그렇다면 조선사람들에게 전도하는 편이 훨씬 효과적이고 의미가 있는 일일 것이다.'라고 생각하기에 이르렀다. 그는 당장 조선인을 상대로 한 전도에 착수했다.

조선에 와서 전도하던 니시다 쇼이치는 조선 땅에서 마치 제 땅인 양 행세하는 일본인의 횡포를 보며 같은 일본인으로서 커다란 아픔과 슬픔을 느꼈다. 일본인들은 조선 사람들을 함부로 부렸고 그들을 힘들게 했다. 니시다 쇼이치는 그런 일본 사람 가운데 한 사람 정도는 조선 사람들을 위해 목숨을 버리는 일도 있어야 할 것이라는 생각을 하게 되었다.

그때 니시다 쇼이치는 빌립보서 2장 13절의 말씀을 받게 된다. 말씀은 그에게 "너희 안에서 행하시는 이는 하나님이시니 자기의 기쁘신 뜻을 위하여 너희에게 소원을 두고 행하게" 하신다고 했다. 그는 이 말씀으로 조선인 전도를 확신하게 되었다.

이렇게 조선 땅에 거류하는 일본인을 대상으로 하는 전도에서 방향을 돌려 조선인 전도로 향하자 당장 나카다 주지 감독의 요구가 들어왔다. 나카다 감독은 "재정 지원을 할 수 없게 되었으니 귀국하든지, 귀국할 뜻이 없으면 결혼하여 배우자의 지원을 받아 자비량으로 전도하든지" 둘 중 하나를 선택하도록 요구했다. 니시다 쇼이치는 귀국할 뜻이 없다고 회신했다. 그리고 그만의 방식으로 이내 결혼의 여건이 갖추어져 1935년에 일본 가시와기성서학원의 신학생 이시도 요시코石動余志子와 혼례를 치렀다. 기이하게도 이때 오다 나라지織田楢次와 요네다 시게코米田重子도 결혼하게 되어 이들은 합동 결혼식을 치렀다.

니시다 부부는 결혼 후 즉시 진주교회에 복귀했다. 그리고 복귀한 이튿날부터 니시다 쇼이치는 조선 각지로 순회 전도에 나섰다. 니시다 쇼이치는 한국어로 곧잘 설교할 수 있었다. 그러나 정확한 전달을 위해 통역을 세웠다. 그는 따발총이라고 불릴 만큼 말이 빨랐고, 통역이 정확하지 않을 때면 즉시 정정해 주기도 했다. 그 통에 니시다 쇼이치에게는 '통역 살인'이라는 별명이 붙을 정도였다. 그는 설교할 때 몇 명의 통역을 세워 차례로 번갈아 통역을 맡게 했다. 니시다 쇼이치가 장기간 순회 전도에 나가 있는 동안 부인은 그를 대신해 진주교회의 예배와 기도회를 인도했다. 그녀는 또한 사립학교의 교원이 되어 집안 살림을 도맡기도 했다. 덕분에 니시다 쇼이치는 조선인을 향한 전도에 매진할 수 있었다.

1937년 1월 니시다 쇼이치는 대구 봉산정장로교회의 초빙을 받아 담임 목사로 취임했다. 그는 교회의 부름에 순종했다. 그리고 순회 전도를 접고 봉산정교회의 목회에 전념했다. 대구는 당시 조선 남부 상공업 중심지 가운데 한 곳이었고 인구는 약 9만 5천 명이었으며 그 가운데 30퍼센트가 일본인이었다. 조선의 다른 지역과 마찬가지로 시의 정치 활동은 물론 경제 활동의 대부분을 일본인이 장악하고 있었다. 대구의 조선사람들은 일본인들의 멸시 속에 상대적으로 가난하고 어려운 생활을 하고 있었다.

니시다 쇼이치는 목사로서 조선인 교우들의 가정을 열심히 방문하며 그들의 현실적 고통과 염려를 상담했다. 그들이 겪는 현실적인 어려움의 원인은 많은 부분이 총독부의 압정과 일본인의 횡포 때문이었다. 니시다 쇼이치는 곧 그 사실을 알게 되었다. 조선인 교우들에게서

동양선교회가 세운 동경의 성서학원. 니시다 쇼이치는 일본에서 이와 같은 성서학원을 졸업하고 학교에서 배운 열정으로 조선 전도에 나섰다.

그런 사정을 들을 때마다 니시다 쇼이치는 일본인인 자신이 그 모든 잘못된 일들에 대해 책망을 받는다는 느낌이 들었다. 그리고 어떻게든 조선 그리스도인들의 고통과 무거운 짐을 함께 나누는 생활을 하겠다고 뜻을 굳혔다.

니시다 쇼이치가 대구에서 목회하고 있을 때 일본은 태평양 전쟁의 구덩이로 점점 깊이 빠져들고 있었다. 그리고 결국 니시다 쇼이치에게도 군대 소집 영장이 내려왔다. 니시다 쇼이치는 일단 그 소집에 응했다. 그가 군에 입대하기 위해 떠날 때 전국 각지에서 약 2백여 명의 조선인 신자들이 몰려와 떠나는 니시다 쇼이치를 성대하게 환송했다. 니시다 쇼이치는 다행히 2년간의 군복무만으로 군대 문제를 해결할 수 있었다. 1939년 군대로부터 소집 해제된 니시다 쇼이치는 이전에 목회했던 진주교회로 복귀했다. 그리고 다시 전도와 목회 활동에 전념했다.

이 무렵은 조선 총독부는 조선인들에게 신사참배를 거세게 강요하고 있었다. 그리고 이를 거부한 많은 조선인 목회자들과 신앙인들이 체포, 투옥되거나 휴직 조치 되고 교회는 폐교 조치되고 있었다. 조선에는 제대로 활동하는 목회자의 수가 점점 줄어들게 되었다.

같은 상황에서 총독부는 일본인 목회자에게는 강제를 부리지 않았다. 경찰도 다소 관대하게 나오는 편이어서 니시다 쇼이치는 목회자를 잃은 조선 각지 교회로부터 초대를 받았다. 그는 다시 순회 전도에 나섰다. 그즈음 니시다 쇼이치는 종종 경찰에 불려가 왜 일본인이면서 신사참배에 응하지 않는지에 대해 조사를 받았다. 그때 니시다 쇼이치는 자신의 신앙 때문에 하나님 외에는 예배할 수 없다고 딱 잘라 대답하곤 했다. 그럴때면 일본 경찰은 그에게 일본으로 돌아가라고 윽박질렀다. 그렇다고 유치장에 갇히는 신세가 되지는 않았다. 그는 경찰의 점증하는 강압적 태도 속에서 순회 전도자로서 조선 곳곳을 다녔다.

1940년 봄부터 1944년까지 니시다 쇼이치는 조선 내 여러 곳에서 교회들이 요구하고 필요로 하는 것에 맞추어 목회를 이어갔다. 1940년에는 창녕장로교회의 목사로 사역했으며, 1943년에는 황해도 사리원감리교회에 담임 목사로 헌신했다. 니시다 쇼이치의 집회에는 일본 경찰이 자주 출몰했다. 그들은 현장 조사를 이유로 자주 찾아와 때때로 니시다 쇼이치를 경찰서로 소환했다. 그러나 자신이 체포될 이유가 없음을 믿고 니시다 쇼이치는 조금도 동요하지 않았다. 이때는 경찰도 단지 엄중하게 주의만 주고 돌려보내 주었다. 조선인 목회자들이 투옥되고 목회를 그만두어야 하던 엄혹한 시절에 일본인 목회자 니시다 쇼이치는 조선인 그리스도인에게 어려운 상황에도 신앙을 내려놓지 않게 하는 버팀줄이 되었다.

이 시절 니시다 쇼이치에게는 또다른 사명도 있었다. 조선인 그리스도인들을 구해주는 일이었다. 그는 자신이 목회하고 있는 교회 조선인 교우들을 위해 종종 경찰서나 관청에 갔다. 그리고 그들을 위해 중재와 옹호에 나섰다. 일본이 최고이며 일본인이 모든 것을 우선하던 시절 자기 불편이나 안위를 따지지 않고 헌신적으로 자신들을 대변해 주는 일본인 목사가 있다는 것은 조선인 그리스도인에게 마음 든든한 일이었다.

참전과 노년의 목회활동

1944년에 들어서 태평양 전쟁은 일본에 매우 불리하게 돌아가고 있었다. 그렇게 일본의 패망이 엿보이던 1944년 2월 니시다 쇼이치는 다시 군에 소집되었다. 일본인인 니시다 쇼이치로서는 피할 수 없는 명령이었다. 그때 니시다 쇼이치는 일본군으로 만주 북부, 부산, 모지門司를 경유해 종국에 필리핀으로 건너가 레이테만 전투Battle of Leyte Gulf, 제2차 필리핀 해전에 참전했다. 그 전투에서 니시다 쇼이치는 팔과 다리에 총상을 입은 채로 살아남았다. 그리고 레이테에서 연합군의 포로가 되었다. 그는 전쟁이 끝날 때까지 포로수용소에 있었다. 조선의 교우들은 그 소식을 듣고 니시다 쇼이치의 무사 귀환을 위해 기도했다. 그렇게 1945년 8월 일본이 패전한 후, 12월이 되었을 때 니시다 쇼이치는 일본에 돌아올 수 있었다. 전쟁 포로가 이렇게 빨리 귀국하는 일은 쉽지 않은 것이었다. 니시다 쇼이치는 이렇게 빠르고 무사하게 귀국할 수 있었던 것이 전적으로 조선 교우들의 두터운 기도 덕분이라며 감사했다.

귀국한 니시다 쇼이치는 얼마 지나지 않아 전쟁 포로의 고단한 마음으로부터 일어섰다. 그에게는 그렇게 주저앉아 있을 시간이 없었다. 목사로서 무너진 일본, 무너진 교회를 위해 무엇이라도 해야 했다. 그는 곧 혼다 고지本田弘慈, 1912-2002 목사와 함께 전쟁으로 소실된 일본전도대 미나토가와전도관 터에 천막을 쳤다. 그리고 새로운 전도활동에 힘썼다. 후에 이곳은 고베중앙교회로 발전했으며, 1951년에 이곳에서 일본예수그리스도교단이 창립되었다.

1946년이 되어 니시다 쇼이치는 더 새로운 사역에 몰입했다. 그는 고베에이코교회神戸榮光教會 안에 세이분샤聖文舍라는 기독교 서점을 열었다. 문서선교를 통해 전후 절망하고 있는 일본인들과 그리스도인 그리고 교회에 새로운 희망을 주고 싶었다. 문서선교는 희망을 전하는 일에 매우 적합한 사역이었다. 니시다 쇼이치는 이후 일본 선교에 박차를 가하고 있던 루터교회와 협력하며 고베뿐 아니라 일본 각지에 서점을 지점을 열었다. 그리고 기독교 신앙이 전후 일본에 희망이 될 수 있음을 문서와 책으로 전했다. 그렇게 니시다 쇼이치는 인생의 후반전을 전후戰後 기독교 문서 전도에 헌신해 커다란 족적을 남겼다.

이 시기 니시다 쇼이치는 조선인 그리스도인에 대한 열정의 마음도 잊지 않았다. 그는 전후戰後 교회 재건에 돌입한 재일대한기독교회 오사카북부교회大阪北部敎會에서 임시 목사로 다시 사역하게 되었다. 그는 일본에 있는 한국인교회의 재건을 열심히 도왔다. 재일 한국인교회 재건에 크게 협력했던 일본인 목사들 가운데에는 니시다 쇼이치 이외에도 한국에서 전영복田永福으로 잘 알려진 니시다 쇼이치 평생의 동지 오다 나라지織田楢次, 1908-1980 목사도 있었다. 일본의 패전과 함께 한국이 해방을 맞이하자 대부분 한국인 교역자들은 본국으로 돌아갔다. 당연히 한국인교회에는 교역자들의 수가 절대적으로 부족했다. 이때 니시다 쇼이치와 오다 나라지 등은 일본인임에도 조선에서 사역한 경험과 조선 그리스도인들에 대한 지극한 애정으로 일본의 한국인 그리스도인을 위해 사역했다.

1985년 2월, 일흔넷이 된 니시다 쇼이치는 고혈압으로 하나님의 부름을 받았다. 그를 추모하는 모임은 젊은 시절 세례를 받았던 미나토가와전도관에서 열렸다. 많은 사람이 그를 추모하는 예배에 참석했다. 그리고 생의 전반은 조선인 전도에 바치고 나머지 절반은 전후 일본교회 문서선교 발전을 위해 수고한 니시다 쇼이치의 인생과 사역을 추모했다.

조선을 위해 부름 받은
신실한 사역자

이재학 목사
하늘땅교회 담임
작은교회연구소 대표
블레싱재팬 이사

이사야서 41장 9절
내가 땅 끝에서부터 너를 붙들며 땅 모퉁이에서부터 너를 부르고
네게 이르기를 너는 나의 종이라 내가 너를 택하고 싫어하여
버리지 아니하였다 하였노라

어떤 인생이든 하나님의 손길을 통해 빚어지고 만들어진다. 니시다 쇼이치의 삶을 통해 하나님께서는 조선인을 위해 일본의 땅 끝에서, 그 땅 모퉁이에서 니시다 쇼이치를 택하고 부르셨음을 보았다. 누구보다도 조선인을 사랑했던 한 일본 목회자의 삶은 하나님이 예비하신 구원의 은혜였다. 1934년 경상남도 진주교회에 부임한 그의 삶은 조선 땅에 거만하게 살아가던 일본인이 아닌 자기 땅을 마치 거류민처럼 살아가던 조선인을 위한 것이었다. 그는 일본의 횡포로 가슴 아파하는 조선인을 위해 목숨까지도 버리겠다는 마음을 먹었다. 하나님께서는 니시다 쇼이치의 그런 헌신하는 마음을 통해 당신의 은혜

를 모든 차이와 차별을 뛰어넘어 동등하게 끼치신다는 것을 드러내셨다. 하나님의 놀라운 은혜와 사랑이 니시다 쇼이치를 통해 조선 백성들에게 비친 것이다.

놀라운 것은 그가 전도 대상을 조선인으로 바꾸자 더이상 재정 지원이 끊어지는 위기가 있었다는 것이다. 그러나 그는 결혼 후 조선인을 위한 그만의 사역을 새롭게 시작했다. 그리고 전국 각지로 순회하며 조선인에게 복음을 전했다. 그에게도 우여곡절이 없었던 것은 아니다. 우리는 그가 일본인으로서 그들의 세계대전에 대해 어떤 마음이었는지까지 살피기는 어렵다. 그러나 니시다 쇼이치는 마음 깊이 신사참배에 반대했고 신사참배 강요 가운데 점점 무너져가는 조선의 교회와 성도들을 지키기 위해 수고했던 신실한 목회자였다. 그의 인생은 당대 군국주의가 벌이는 정치적인 무엇에 휘둘리기도 했다. 그러나 그의 조선과 조선사람들을 향한 진실된 사역은 절대 흔들리지 않았다. 그는 진정 조선과 조선의 그리스도인을 사랑했던 목회자였다.

니시다 쇼이치의 글을 읽으며 나는 하나님께서 당신의 백성의 회복과 부흥을 위해 땅끝으로부터 당신의 사역자를 불러 세우시는 이사야서의 한 장면을 겹쳐 보았다. 비록 역사는 일본과 한국 사이에 다 헤아릴 수 없는 아픔의 장벽을 앞세우지만, 하나님의 계획은 그 역사를 화해와 회복으로 이끄시는 주관자이심을 니시다 쇼이치를 통해 드러내셨다. 니시다 쇼이치는 비록 우리에게 이질적이고 적대감을 일으키는 이방인의 이름일지라도 그가 조선에서 그리고 일본에서 조선인과 조선인 교회를 위해 이룬 것들은 오래전부터 하나님께서 세워오신 하나님의 사람들의 사역 이상도 이하도 아니다. 그는 비록 하나님의 품에 안겼으나 그의 정신을 잘 아는 우리는 오늘 일본과 우리 사이에 놓인 장벽을 거두고 하나님을 믿는 신앙으로 하나되는 다리를 지어간다.

제4장

마스토미 야스자에몬
교육과 경영으로 다리가 된 사람

枡富安左衛門, 1880-1934

마스토미 야스자에몬(枡富安左衛門, 1880-1934)

　한일간에 다리가 되었던 일본인 그리스도인들의 삶을 차근히 돌아보다 보면 그들의 삶의 위치가 명료하지 않다는 것을 발견하게 된다. 적어도 20세기에 두 나라가 겪어온 질곡 가득한 역사를 전면에 놓고 보면 그렇다. 그들은 일본인들 사이에도 한국인들 사이에도 역사적 의미를 찾을만한 자리를 얻기 쉽지 않다. 일본인이면서 조선 사람들을 위해 수고하고 그들을 위해 헌신하던 사람들이 이데올로기 각축으로 범벅이 된 20세기 두 나라 역사에서 나름의 명분 있는 위치를 차지하기는 진정 어려운 일이다. 그러나 우리는 눈을 돌려야 한다. 그래서 그들이 누구에게도 인정받지 못했던 부분, '신앙의 의미'로 그들을 바라보아야 한다. 그렇게 되면 그들이 왜 그렇게 살게 되었는지, 무엇이 그들을 피식민지 사람들을 위해 헌신하게 했는지 그 예리한 길이 보이게 된다.

그에 대한 전기가 『알려지지 않은 가교』라는 제목을 가지고 있을 정도로 마스토미 야스자에몬의 삶과 사역은 두 나라와 그 사람들 사이를 신앙 안에서 연결하는 중요한 토대이다. 그때를 살았던 대부분 일본인들의 삶이 그랬지만 마스토미 야스자에몬의 활동은 한국과 일본의 관계자 이외에는 알려지지 않았었다. 그러나 그를 존경하는 한국인들에 의해 그는 세상에 드러나게 되었다. 1995년 한국 정부가 그의 공적을 인정해 국민훈장을 수여하면서 그의 존재는 점차 알려지게 되었다. 그가 세상을 떠난 지 60년이 지난 후의 일이었다. 세월이 흘러 신앙의 안목으로 한 사람을 조명할 수 있게 되었을 때에야 비로소 마스토미 야스자에몬은 자기 자리를 찾게 된 것이다.

이번 장에서는 일제강점기 조선에서 농장을 경영하고, 농지 개발이 지체되고 있던 시골에 학교와 교회를 세워 많은 조선인 학생을 양성한 마스토미 야스자에몬枡富安左衛門을 소개하고자 한다.

성장과 한국으로 오기까지

마스토미 야스자에몬은 1880년 후쿠오카현 모지시福岡縣門司市에서 간장 제조업을 하고 있던 집안의 장남으로 태어났다. 부친인 야스노스케安之助는 교육에 열정을 갖고 '근면과 성실'을 가훈으로 삼아 중요하게 여기고 있었다. 마스토미 야스자에몬은 시모노세키상업학교下關商業學校 재학 중에 부친을 여의고 열여덟 살에 가업을 이었다. 그리고 와세다대학早稻田大學 상과商科에 진학했지만, 차차 농업에 뜻을 두게 되어 중퇴했다. 마스토미 야스자에몬은 1904년에 러시아와 일본사이에 전쟁이 발발하자 군에 소집된 후 경리부經理部 보급병補給兵[16]이 되어 조선 땅에 배치되었다. 그는 주로 전라북도 지역을 왕래하며 군무에 임했다. 그때 마스토미 야스자에몬은 그곳의 광대한 평야를 보고서 '전쟁이 끝나면 이 땅에서 농장을 운영하고 싶다.'라고 마음을 먹었다.

러일 전쟁이 끝난 1906년, 마스토미 야스자에몬은 이 꿈을 실현하기 위해 친구와 함께 군산群山으로 왔다. 그는 먼저 집과 사무소를 마련하고 김제군 일대를 물색한 끝에 월촌면 봉월리에서 4만평에 이르는 농지를 구입해 농장 경영을 시작했다. 그때까지 마스토미 야스자에몬은 보통의 제국 일본인으로서의 전형적인 모습을 보여주었다. 그는 식민지 땅에 정복민으로 왔고 그 땅을 원하는 만큼 소유했다. 한 나라를 정복한 나라 사람이 그렇게 하는 것은 지극히 당연한 것이었다.

그러나 그가 농장을 경영하고 사업을 벌이던 군산과 김제 특히 고창에서 그는 전혀 새로운 경험을 하게 된다. 그는 일단 조선 땅에서 기독교 신앙을 받아들이게 되었다. 그리고 신실한 신자가 되었다. 기독교 신앙에 입문한 마스토미 야스자에몬은 자기 농장이 있는 곳에 봉월교회를 설립했다. 그런데 그것이 전부가 아니었다. 그에게는 하나님의 더 큰 계획이 기다리고 있었다.

---

16) 부대의 재정 회계 관리, 군수품 조달·관리·보급 등 병참 관리를 담당했던 구 일본군 내의 한 부서였다. 마스토미 야스자에몬은 이 부서에서 '슈케이(主計)'로 불리던 업무 가운데서 특히, 식료품과 보급품을 조달·분배하는 보급병이었다.

일단 기독교인이 된 마스토미 야스자에몬은 조선인들과 함께 살아가는 방법을 찾아가기 시작했다. 그는 고창군 부안면 일대의 농업 발전을 위해 노력했고, 현지 농민 구제를 위해 다양한 노력을 기울였다. 결국에 마스토미 야스자에몬은 소작농과 일대의 주민들에게 일본인이라는 경계를 넘어 존경의 대상이 되었다.

어떻게 해서 마스토미 야스자에몬은 이런 성장과 변화를 보인 것일까? 마스토미 야스자에몬이 조선에서 이룬 일들을 바르게 이해하기 위해서는 히가시노 데루코(東野照子)와 결혼한 일을 가볍게 생각할 수 없다. 마스토미 야스자에몬은 조선 땅에 정착한 이듬해 데루코와 혼인했다. 이때 마스토미 야스자에몬은 스물여섯 살, 데루코는 열아홉 살이었다. 데루코는 규슈(九州) 지방 후쿠오카의 옛 무사 집안에서 태어났다. 그녀는 미션 스쿨인 후쿠오카에이와여학교(福岡英和女學校, 현재 학교법인 후쿠오카조가쿠인(福岡女學院)에 재학하던 때 세례를 받은 열심 있는 그리스도인이었다.

데루코를 만나 첫눈에 반한 마스토미 야스자에몬은 마음을 다해 구혼한 끝에 결국 혼인에 이르게 되었다. 데루코는 여학교 시절의 은사였던 여선교사에게 혼인에 대해 알리며 이렇게 말했다고 한다.

"저는 남편을 반드시 신앙으로 이끌겠습니다."

그녀는 선교사와 굳게 약속했다. 그러나 마스토미 야스자에몬은 "기독교만이 우월한 것이 아니고 다른 종교에도 좋은 점이 있다"라며 어지간히 기독교를 받아들이려고 하지 않았다. 그러나 마침내 데루코의 사랑과 기도가 열매를 맺었다. 1910년 마스토미 야스자에몬은 후지미초교회富士見町教會의 우에무라 마사히사植村正久, 1858-1925[17] 목사에게 세례를 받았다. 그 해는 일본이 한국을 강제 병합한 해였다.

기독교 신앙은 이렇게 마스토미 야스자에몬의 인생으로 들어오게 되었고 그것은 곧 마스토미 야스자에몬이 살아가는 삶의 가치관을 크게 변화시켰다. 그는 그때까지 일본인으로서 농장 경영을 통해 자국의 이익을 도모하는 것을 목표로 하고 있었다. 그것은 너무나 당연했다. 그런데 세례를 받은 후 그는 복음을 전하는 일이 삶의 중심이 되어 버렸다. 열심이 있는 그리스도인이 된 것이다. 그런 그에게 농장 경영은 복음을 전하는 일을 위한 수단이 되었다. 당시의 일기에 마스토미 야스자에몬은 조선에서 사업을 전개하는 목적을 이렇게 적고 있다.

"조선에서 농장을 경영하는 것은 하나님 나라 건설에 진심으로 종사하기 위해서이다."

특히 그의 마음에는 조선에 '학교를 세우고 교육 활동을 통해 조선 사람들에게 복음을 전하겠다.'라는 각별한 소명이 주어졌다. 그의 삶에 들어와 계신 하나님께서 그의 마음을 그렇게 움직이신 것이다. 마스토미 야스자에몬은 학교 설립에 필요한 자금을 조달하기 위해 전라북도 고창군 오산면지금의 부안면 오산리에서 과수원 경영을 시작했다. 그리고 거기서 나오는 거의 모든 수익을 학교 설립을 위해 저축했다. 과수원에 세운 예배당은 오늘날 오산교회의 시작이 되었다.

---

17) 요코하마밴드의 대표적인 인물이자 초기 '일본기독교회' 형성에 커다란 영향을 끼친 신학자이며, 일본 개신교회의 교황이라 불릴 정도로 영향력이 컸다.

고베신학교 입학

   그리스도인으로 신앙을 중심으로 신실한 삶을 이어가는 가운데 마스토미 야스자에몬은 자신이 성서나 신앙에 관하여 얼마나 깊이 이해하고 있는지에 대해 질문하게 되었다. 그래서 조선에서 운영하던 사업을 잠시 친구에게 위탁하고 고베신학교(神戶神學校)에 입학해 3년간 성서와 신학을 공부하는 데에 전념했다.

   고베신학교는 1907년에 미국의 남장로교 선교회가 건전한 성서적 신앙의 토대 위에 설립한 신학교였다. 당시 일본 교회의 초석을 이루는 데 중요한 역할을 한 신학교이다. 이 신학교의 초기의 학생으로는 저 유명한 가가와 도요히코(賀川豊彦, 1888-1960)[18]가 있었다. 이 신학교는 1947년에 개설된 고베개혁파신학교의 뿌리가 되었다.

   마스토미 야스자에몬은 확실히 변해 있었다. 그는 과연 깊고 풍성한 신앙인이었다. 그는 신학교 생활을 시작하면서 '조선인에 의한 조선인을 위한 전도'가 시급한 일임을 마음에 두고 있었다. 그는 당장에 우수한 조선인 학생 세 명(윤치병, 김영구, 양태승·역자주)을 추천받아 장학금을 제

---

18) 가가와는 일본기독교회 목사이며 빈민복지운동, 노동조합운동, 농민조합운동, 정치운동 등 여러 분야에서 활동한 기독교 사회주의 운동가였다. 그는 고베(神戶)의 해운운송업주와 애첩인 기생 사이에서 태어나 열여섯 살에 기독교 신앙을 접하고 세례를 받았다. 메이지학원 고등부 신학 예과와 고베신학교에서 공부하고, 미국 프린스턴신학교에서 유학한 후, 그의 사회운동은 본격화되었다. 특히 그의 자전 소설인 『사선을 넘어서』(死線を越えて, 1920)는 백만 부가 넘게 팔린 베스트셀러가 되어 그의 이름이 더욱 알려졌으며 '빈민가의 성자'라 불렸고, 전전(戰前)에는 마하트마 간디(Mahatma Gandhi, 1869-1948), 알베르트 슈바이처(Albert Schweitzer, 1875-1965)와 함께 현대의 '3大聖人'이라고도 불렸다. 그러나 그의 연구서 『빈민 심리의 연구』(貧民心理之硏究, 1915)에 나타난 인종기원설에 근거한 빈민(부락민) 차별, 그리고 일본 패전 직후 천황제 유지에 찬성하고 있던 일본의 보수적 정당은 물론 사회당과 기독교계 지도자들을 대표해 그가 연합군 최고사령관 더글러스 맥아더(Douglas MacArthur, 1880-1964) 원수에게 부치는 글을 발표하며 천황의 전쟁 책임 면제를 호소한 일 등은 비판을 받고 있다.

공하고 자신과 함께 고베신학교에 입학하게 했고, 그리고 졸업할 때까지 그들을 도왔다. 그의 인재 양성을 위한 노력은 이 세 학생을 시작으로 계속 이어졌다. 그는 생전에 많은 조선인 장학생을 일본과 서울의 대학과 신학교에 보내 공부하도록 이끌었다.

그를 아는 어느 조선인은 이렇게 증언했다.

"그는 사람들 앞에서 말할 때 '조선의 사람, 조선의 형제자매'로 부르고 '조선인'朝鮮人[19]이라는 말을 사용하지 않았다. 그를 아는 사람들은 그가 일부러 '-의'를 넣어 사용함으로써 상대의 인격을 존중하고 있다는 것을 알아차릴 수 있다. 사실, 다른 많은 일본인과 달리 마스토미 야스자에몬은 우리를 멸시하는 태도를 취하지 않았다."

마스토미 야스자에몬은 '동양 평화를 위해서도 조선의 참된 독립이 반드시 필요하다.'고 하는, 당시 일본인으로서는 파격적인 지론을 가지고 있었다. 이것은 그를 알고 그를 존경하는 조선의 지인들이 증언하는 것이다. 마스토미 야스자에몬은 조선이 그리고 조선 사람들이 스스로 서는 일을 무엇보다 중요하게 여겼다. 마스토미 야스자에몬은 그래서 조선인 학생들에게 "참으로 독립을 바란다면 배워야 한다"라고 입버릇처럼 말했다. 이 모든 것은 그가 아내 데루코를 통해 갖게 된 기독교 신앙 때문이었다. 신앙은 그를 변화시켰고, 돈벌이를 위해 정착한 조선에서 그는 이전과는 다른 삶을 살았다.

마스토미 야스자에몬은 고베신학교에 다니던 시절 신앙에 근거한

---

19) 일제강점기에 '조선인(朝鮮人)'에 해당하는 일본어 발음인 '조센징'(표준 표기법은 '조센진')은 조선 사람들에 대한 차별과 비하의 명칭으로 쓰이기도 했다.

마스토미 야스자에몬이 세운 고창고등보통학교. 마스토미 장로는 후에 이 학교를 조선인들에게 넘기고 조선인들이 스스로 후대를 양성하도록 했다. 오늘날까지 고창고등학교로 남아 학생들을 가르치고 있다.

깊은 뜻을 가지고 초등 교육을 목표로 그가 농장을 운영하던 고창에 사립 흥덕학당興德學堂을 설립했다. 당시 조선에는 약 370만 명의 취학 연령 아동들이 있었지만, 서당을 포함한 초등 교육기관에서는 약 18만 5천 명, 즉 전체 아동의 5퍼센트 정도 밖에 수용할 수 없었다. 조선을 올바르게 세우기 위해서는 더 많은 초등교육기관이 필요했다. 아이들이 제대로 된 교육을 받지 못하는 현실에는 또 다른 문제도 있었다. 많은 경우 어른들, 특히 시골에 있는 부모들은 아이들을 학교에 보내기를 꺼리는 편이었다. 부모의 무지라기보다는 경제적인 현실이 그들을 그렇게 만든 것이었다. 이런 현실은 이제 막 설립된 흥덕학당도 마찬가지였다. 설립 초기 학교에 입학하는 지원자는 적었다.

마스토미 야스자에몬은 이 문제에 적극적으로 임했다. 그는 입학하는 어린이 전원에게 교과서나 노트, 연필 등을 무료로 제공하고 심지어 수업료까지도 무상으로 했다. 이 모든 조치는 그의 조선 사람들을 향한 진심 어린 마음에서 우러나오는 것이었다. 결국 주변 사람들은 그의 순수한 교육열에 감동하게 되었다. 그리고 마을의 아이들을 마스토미 야스자에몬이 세운 학당에 보내기로 마음을 열었다.

홍덕학당이 고창 지역의 초등교육기관으로 자리 잡자 이번에 마스토미 야스자에몬은 중등교육을 목표로 사립 오산고등학당五山高等學堂을 설립했다. 그리고 고베신학교를 우수한 성적으로 졸업한 세 명의 장학생을 학당의 교사로 삼고 마스토미 야스자에몬 자신은 교장이 되어 지역 고등교육에 힘썼다. 얼마 후 마스토미 야스자에몬이 세운 사립학당은 보통학교로, 그리고 고등학당은 사립 오산고등보통학교로 발전했으며 그 지방 최초의 고등보통학교로서 많은 인재를 배출했다.

1922년에 고창군민들은 마스토미 야스자에몬이 세운 이 학교를 인수하여 고창고등보통학교지금의 고창고등학교로 교명을 바꾸고 총독부의 인가를 받아 지역을 대표하는 고등교육기관으로 자리하도록 했다. 이 과정에서 마스토미 야스자에몬은 고창 사람들의 높은 기개와 교육열에 감동하여 학교의 모든 운영권을 무상으로 양도했고 거기에 더해 큰 액수의 기부금도 내놓았다. 이후 이 학교는 항일 독립운동에 가담한 일로 총독부가 관리하는 공립학교에서 퇴학당한 학생들을 받아들이기 시작했고, 점차 민족교육과 독립운동의 거점이 되어 갔다. 물론 여기에는 이사장을 맡고 있던 마스토미 야스자에몬의 역할이 컸다. 그의 뒤를 이어 학교의 교장이 된 양태승은 마스토미 야스자에몬의 기독교 신앙 정신을 계승해 그것을 기본 교육이념으로 정하고 거기에 더하여 민족 독립과 애국심을 고취하는 일에 심혈을 기울였다.

사실 조선총독부는 당시 조선인들의 민족 운동을 눈엣가시로 여겨 가혹하게 탄압을 가했다. 그런 총독부가 이런 학교에 압력을 가하거나 폐교하려는 시도를 전혀 하지 않은 것은 기이한 일이었다. 이미 마스토미 야스자에몬은 교장직에서 물러나 있었으며, 일찍이 그와 함께 고베신학교에서 공부한 조선인이 책임을 맡고 있었는데 말이다. 이것은 결국 이 학교가 일본인이 설립했고 그런 이유로 일본 관리들이나 경찰의 눈이 학교의 내부까지는 미치지 않은 것 때문이었다. 마스토미 야스자에몬의 '방파제' 역할이 제 몫을 다한 것이다. 마스토미 야스자에몬 부부는 신실한 신앙 정신을 기반으로 그들이 세우고 운영하는 농장을 통해 그리고 교회와 학교들을 통해 한국인을 섬겼다.

끝까지 조선의 학생들을 위해

그런 가운데 그의 아내 데루코가 건강이 좋지 않아 일본에 머무는 시간이 점점 많아졌다. 마스토미 야스자에몬 역시 아내를 위해 일본에 주로 머물렀다. 마스토미 야스자에몬은 일본에서도 기독교 잡지 「성서의 연찬」聖書の研鑽을 발행하기도 하고 도쿄의 시나노마치교회信濃町教會의 장로로서 목회와 사역을 지원하기도 하며 살아가고 있었다.

그가 도쿄에 머물던 시절 일본제국은 만주 사변을 일으키고 괴뢰국가인 만주국을 설립했으며, 결국에는 일본 전체를 정복 전쟁으로 몰아가고 있었다. 일본은 물론 조선에서도 전쟁의 암울한 분위기가 짙어 가고 있었다. 그렇게 1934년에 마스토미 야스자에몬은 조선을 향한 최종 여행을 결심한다. 그때는 그가 조선에 설립했던 농장과 학교들이 이미 그의 손을 떠나 조선인의 운영 아래 있었던 시절이었다. 농장이나 학교는 모두 견실히 운영되고 있었다. 그는 그 모든 것이 조선 사람들의 것이어야 한다고 생각했다. 그리고 그것을 결행했다.

그 후 다시 도쿄로 돌아온 마스토미 야스자에몬은 병환을 얻어 쉰다섯의 나이에 하나님의 부름을 받는다. 시나노마치교회에서 치러진 장례는 그의 죽음을 애도하는 6천여 명의 조문객으로 가득 찼다. 그때 참석했던 조선인 그리스도인들 가운데 김옥성金玉成이라는 사람이 있었다. 그는 어려운 집안 사정에도 마스토미 야스자에몬이 설립한 고창고등보통학교를 졸업한 후 뜻을 품고서 일본에 건너와 도쿄 농업대학에서 공부했다.

김옥성이 일본의 학교에 재학하고 있을 때 마스토미 야스자에몬은 그를 위해 신원보증을 해주기도 하고 여러 가지 편의도 봐주는 등 물심양면으로 그를 도왔다. 김옥성은 가난 때문에 여러 차례 수업료를 체납하여 퇴학 처분의 궁지에 몰렸으나, 마스토미 야스자에몬의 도움으로 무사히 학교를 졸업할 수 있었다. 마스토미 야스자에몬은 일본에서도 늘 이런 식이었다. 그는 조선에서 온 학생들을 귀하게 여겼다. 그가 매월 한 차례 자신의 집에서 고창고등보통학교 출신 유학생들의 기도회를 열어주었다는 것은 유명한 이야기이다. 그 시간이 일본 땅에서 유학하던 조선인 학생들에게 무엇보다도 위로와 격려의 장이 되었음은 말할 필요도 없다.

그 김옥성이 어느 때인가 다음과 같이 말했다.

"저는 학창 시절에 일본을 증오하며 일본인을 미워했습니다. 저만이 아닙니다. 한국인이라면 누구나 그랬을 것입니다. 성서에는 '네 원수를 사랑하라'는 말씀이 있으나 조국을 유린하고 모든 것을 빼앗아 간 나라의 사람들을 사랑할 이유가 없다고 생각하고 있었습니다. 그러나 저분은 달랐습니다. 하나님을 사랑하고 사람을 사랑하는 일을 몸소 실천하고 있었던 것입니다."

　마스토미 야스자에몬의 부음을 듣고 조선의 고창고등보통학교와 마스토미 야스자에몬 농장에서도 추도회가 열렸다. 추도회에는 많은 조선 사람들이 참석해 그의 죽음을 애도했다. 마스토미 야스자에몬이 세상을 떠난 후 데루코 부인은 1972년까지 장수하며 일본 전통 시인으로 활약했다.

　마스토미 야스자에몬의 사후 육십 년이 지난 1994년 서울 영세교회永世敎會에서는 그의 제자들과 관계자들이 '마스토미 야스자에몬 60주년 추도예배'를 열었다. 세월이 꽤나 지난 그때에도 그를 잊지 않은 사람들이 예배에 함께 했다. 고창고등보통학교 출신인 한글학자 김갑수 씨 등은 각고의 노력으로 대한민국 정부가 그에게 훈장을 추서하도록 애썼는데, 1995년 대한민국 정부는 그의 교육 부문 공적을 인정해 대한민국 국민훈장 모란장을 추서했다. 그가 세상을 떠난 지 60년이 지나 식민지 시대의 공적으로 훈장이 추서되었다는 것은 진정 이례적인 일이었다. 이렇게 마스토미 야스자에몬이 신앙 안에서 꿈꾸며 기초한 조선인 교육과 사업의 노력은 오늘에까지 일본인과 한국인 사이 다리가 되고 있다. 일본인이었던 그가 보여 준 진심어린 헌신은 여전히 수많은 한국인의 마음 가운데 살아 숨 쉬고 있다.

신앙의 진심으로 다리를 놓다

김덕진 목사
토비아선교회 대표
샬롬교회 사역목사

마태복음 5장 43-44절
또 네 이웃을 사랑하고 네 원수를 미워하라 하였다는 것을
너희가 들었으나 나는 너희에게 이르노니
너희 원수를 사랑하며 너희를 박해하는 자를 위하여 기도하라

 기독교 역사에서 변화한 사람들의 이야기는 많이 있다. 바울이 그
랬고 어거스틴이 그랬으며 존 뉴톤이 그랬다. 그들은 한결같이 인생
의 어느 순간 예수님을 만났다. 그리고 그분의 십자가 아래서 인생의
중요하고 극적인 변화를 경험하게 된다. 그리고 무엇보다 변화한 이
후 그리스도인으로서 삶을 열정적으로 펼쳐 나갔다. 그런 맥락에서
마스토미 야스자에몬의 이야기는 한 편의 영화와 같다. 그는 그가 일
본 제국주의 심장을 가지고 조선 땅에 왔다는 것, 그와 결혼한 데루코
를 통해 신앙을 갖게 되었다는 것, 그리고 그렇게 품게 된 하나님에
대한 신앙이 그의 인생 전체를 제대로 변화시켰다는 것은 놀라움을
넘어서 경이롭다. 그는 제국의 일본인에서 조선인을 위한 일본인으

로 변화한 사람이다.

마스토미 부부의 헌신이 깊고 진중한 것이었다는 것은 그들이 다른 무엇보다 조선인들에 대한 교육에 애를 많이 썼다는 것에서 분명하게 드러난다. 당시 양심 있는 일본인들이 조선인들을 도운 이야기들은 많이 있다. 그런데 교육을 통해 조선인을 돕고 세우고 자립하도록 하는 일을 했던 일본인은 그렇게 많지 않다. 교육은 그만큼 많은 부분에서 애를 써야 하고 노력을 기울여야 하는 일인 것이다. 그것은 분명 남들이 평범하게 하기는 어려운 진중한 노력이었다. 마스토미 야스자에몬은 그리스도인으로서 조선인을 향해 누구보다 진중한 노력을 기울였다는 차원에서 돋보이는 사람이다. 그의 헌신은 일본인에게만 아니라 오늘을 사는 이 땅 한국인 그리스도인들에게도 귀감이 된다.

"원수를 사랑하라," 기독교의 가치를 대표하는 주님의 가르침이다. 마스토미 야스자에몬의 삶과 정신을 따라가노라면, 원수(혹은 원수조차로도 여겨지지 않을 멸시의 대상)와 원수가 화해하여 끝내 회복될 수 있는 기초가 어떠한 것인지 볼 수 있다. 일본인의 한계를 넘어서 조선과 그 땅의 사람들을 주 안의 형제자매로 아끼고 사랑했던 마스토미 야스자에몬. 그는 그리스도의 절대적 사랑의 가치를 이 땅에서 실현했다. 그리고 그가 보여준 이 사랑의 결과는 멸시, 천대, 핍박과 참혹한 압제의 대상이 된 사람들이 그들의 원수를 용서하며 사랑할 수 있는 토대가 되고 있다. 우리도 그의 삶이 보여준 유산이 나누어지고 전해지도록 노력해야겠다. 그리하여 세상의 많은 '원수'들이 주님의 사랑으로 회복되는 은혜의 역사들이 수놓아지기를 소망한다.

제5장

아사카와 다쿠미
백자사랑과 나무심기로 한일을 잇다

淺川巧, 1891-1931

아사카와 다쿠미(淺川巧, 1891-1931)

　자기를 버리고 타인을 위해 살았던 사람들의 이야기를 종종 듣는
다. 우리는 그런 이타적인 사람들의 삶에서 인류의 희망, 인간됨의 가
능성을 엿본다. 그리스도인의 삶은 기본적으로 이런 자기 희생과 헌
신의 맥락에서 벗어나지 않는다. 신앙생활을 오래 할수록 이기적이게
되고 타인에 배려가 사라지고 형제를 사랑하는 삶의 색깔이 옅어지게
된다는 이야기를 우리는 들어본 적이 없다. 그리스도인이 된다는 것
은 점점 타인을 더 존중하게 되고, 자기의 유익보다는 타인의 이익을
위해 수고하는 일이 많아지며 그렇게 형제와 이웃을 사랑하는 일이
풍성해지는 것을 의미한다.

사실 식민지 시대 일본인 그리스도인과 조선인들 사이에는 이런 공식을 적용하는 일이 쉽지 않다. 아무리 기독교인이라 할지라도 식민지 지배자인 일본인이 피지배자인 조선인을 향해 이기심을 버리게 되고 그를 더욱 존중하게 되며 결국에 그들을 사랑하는 마음이 갈수록 지극해진다는 것은 매우 어렵다. 그 시대는 그랬다. 그런데 만일 그런 시대 의식과 반대의 흐름으로 세상을 산 사람이 있다면 어떤가. 우리는 그런 사람을 일본인 그리스도인들 사이에서 발견하게 된다.

그들은 그리스도 예수를 아는 지식이 깊어질수록 조선과 조선 사람들에 대한 이해가 깊어졌으며, 하나님의 뜻을 분별하게 될수록 조선과 조선 사람들에 대한 존중의 마음이 넓어졌다. 특별히 예수 그리스도의 십자가 은혜가 무엇을 의미하는 지를 알게 될 수록 그들은 더욱 조선인들에 대한 지극한 사랑의 마음을 품게 되었다. 아사카와 다쿠미가 그런 사람이었다. 그는 조선에 와서 17년을 살았다. 그리고 그 17년이라는 시간을 온전히 조선을 사랑하고 조선 사람들을 사랑하는 것에 바쳤다.

이번에는 조림 사업과 백자로 불리는 조선 시대 도예를 세상에 알림으로써 한국과 일본 사이에 가교가 된 아사카와 다쿠미淺川巧라는 일본인 그리스도인을 소개하고자 한다.

사심이 없는 됨됨이

일본의 식민지 지배하 경성, 사람들이 전차에 올라 좌석에 앉았다.

그 때 전차에 급히 올라탄 한 일본인 남성이 조선인 남성을 향해 큰소리로 외쳤다. "어이, 요보당시 일본인이 조선인을 낮추보며 부를 때 사용한 말, 비켜!" 그 일본인은 당연한 듯 조선인 남성을 자리에서 일어나도록 했다. 그리고 역시나 당연하다는 듯 그 빈 자리에 앉았다. 당시 조선에서 이런 일은 흔한 일상이었다. 주변 누구도 그 상황에 대해 문제를 제기하지 않았다. 일본인은 언제든 조선인에게 자리나 그 어떤 것이라도 요구할 수 있었고 심지어 명령도 할 수 있었다. 만일 조선인이 그 요구나 명령을 거역하거나 지키지 않을 경우, 그에게는 불호령이 떨어졌을 것이다. 심지어 모욕과 구타를 당했을 수도 있다. 아니면 어떤 명분을 뒤집어 씌워 그를 경찰서로 연행했을 수도 있었다.

아사카와 다쿠미는 늘 조선 사람의 옷을 입고 있었다. 그는 그때 그 전차 안에서 조선인으로 여겨졌다. 당연히 일본인은 그에게 "요보, 비켜!"라고 말했다. 그 말을 들은 아사카와는 두말하지 않고 자리를 내주었다. 그는 "나는 일본인이야!"라고 항변하지 않았다. 그는 오히려 침묵을 지키며 자신에게 자리를 요구하는 그 일본인에게서 비켜섰다. 그것이 아사카와 다쿠미라는 사람이었다.

이런 기록도 있다. 1931년, 그가 마흔 살의 젊은 나이에 조선 땅에서 죽음을 맞았을 때, 오랜 친구이자 종교 사상가이며 조선 민족 예술에 특별한 관심을 가졌으며 '민예운동'의 주역이었던 야나기 무네요시柳宗悅, 1889-1961는 다음과 같이 기록을 남겼다.

"아사카와가 세상을 떠났다. 돌이킬 수 없는 손실이다. 그와 같이 조선을 깊이 이해하고 있던 사람을 나는 달리 만나 보지 못했다. 그는 참으로 조선을 사랑하고 조선 사람을 사랑했다. 그런 까닭에 그는 조선 사람들에게 지극히 사랑받았다.

그가 세상을 떠났다는 소식이 전해지자 조선 사람들이 그의 죽음에 보인 애틋한 마음은 어디에도 비할 수 없이 컸다. 그의 관_棺은 자청해서 나선 조선 사람들에 의해 운구되어 조선 땅의 공동묘지에 매장되었다...그가 없었더라면 조선에 대한 나의 일_{민예운동-역자주}은 그 절반에도 미치지 못했을 것이다... 아사카와 정도로 사심이 없는 사람은 보기 드물다."

야나기 무네요시는 일본의 역사 교과서에 소개될 만큼 저명한 인물이었다. 지금도 일본에서는 그에 관한 많은 연구가 진행되고 있다. 야나기에 비하면, 아사카와 다쿠미는 크게 알려지지 않았지만, 야나기에게 조선의 도자기와 민예 운동에 눈을 뜨게 한 사람은 바로 아사카와 다쿠미와 그의 형 아사카와 노리타카_{浅川伯教, 1884-1964}였다. 이런 이유로 최근 들어 아사카와 다쿠미는 한일 양국에서 새롭게 조명되는 추세다.

조선 사람으로 살았던 17년

아사카와 다쿠미는 1891년 야마나시현 기타코마군 가부토촌_{山梨縣北巨摩郡甲村. 지금의 호쿠토시 중부지역}에서 아사카와 집안의 둘째 아들로 태어났다. 아버지 조사쿠_{如作}는 다쿠미가 태어나기 직전 병으로 세상을 떠났다.

한국으로 넘어오기 전 아사카와 다쿠미와 형 노리타카. 형제는 조선의 민간 예술을 지극히 사랑했고 그 보존을 위해 헌신했다.

그는 어머니 게이(けい)와 할아버지 슬하에서 자랐다. 어머니는 경건한 그리스도인이었고 자연스럽게 아사카와 다쿠미는 그리스도인의 길로 인도되었다. 어머니 게이의 감화로 아사카와 다쿠미의 여섯 살 터울의 형 노리타카(伯教)도 그리스도인이 되었다.

아사카와 다쿠미는 누구보다 친형에게서 신앙과 삶의 태도에 관한 결정적인 감화를 받았다. 열여섯 살이 된 아사카와 다쿠미는 사범학교에 재학 중인 노리타카의 권유를 받아들여 야마나시현립농림학교(지금의 야마나시현립농림고등학교)에 진학했다. 이듬해 그는 고후감리교회(甲府監理教會)에서 세례를 받고 일생을 신앙인으로 살았다.

그는 누구보다도 당대 기독교 신앙이 전파한 바른 신앙인의 삶의 정신을 고수했다. 그는 기독교 신앙이 사람의 삶을 자유민으로 이끈다고 생각하고 누구나 자유하다면 누구나 평등하다는 생각을 품었다. 그래서 아사카와 다쿠미는 스스로 이런 기록을 남겼다.

"자유로운 정신, 사람을 차별하지 않는 평등, 그리고 박애. 기독교의 본질이 이것이라고 한다면 무엇보다도 나의 사고방식과 합치한다."

형 노리타카는 조선 도예陶藝에 관심을 가지고 있었다. 그는 1913년에 그가 그렇게 동경해 마지 않는 도예의 정신이 살아있는 조선의 한 소학교 교사로 부임하게 되었다. 이때 형 노리타가는 동생 다쿠미에게 동행할 것을 권유했다. 그래서 형의 권유로 아사카와 다쿠미도 이듬해 조선총독부 산림과 직원이 되어 조선으로 건너왔다.

아사카와 다쿠미는 1931년 마흔 살의 젊은 나이에 조선 땅에서 세상을 떠났다. 그래서 그의 조선 생활은 겨우 17년뿐이었다. 그러나 함께했던 많은 조선인과 일본인에게 그는 잊을 수 없는 감화를 끼쳤다. 그는 지극히 평범한 한 인간이었으나 그 정신이 지극히 바른 사람이었다. 무엇보다 그는 기독교 신앙에 근거한 삶의 자세와 정신이 남다르게 바른 사람이었다.

그는 위압적 권력으로 조선을 지배한 총독부의 하급 관리였다. 1930년대 조선총독부는 일본인 군인과 경찰은 물론 총독부의 일본인 관리나 학교의 일본인 교원들에게도 근무 중 제복을 입도록 하고 특히 '사브르'sabre, 서양식 군도를 차도록 의무화하고 있었다. 경찰이나 공무원은 그렇다 해도 심지어 교사마저 아이들 앞에서 군도軍刀를 차고 위압하는 모습이란 것이 결국 당대 조선사회의 지배자와 피지배자의 관계가 어떠했는지를 여실히 보여주는 단면이었다. 조선총독부는 거의 모든 것을 사용해서 조선인들에게 일본어와 일본문화를 강요했으며 조선인들이 천황의 충실한 신민이 되도록 만드는 시책을 강행했다.

그러나 아사카와 다쿠미는 주어진 현실과 정반대의 생활방식을 선택했다. 우선 그는 관리로서 임업시험장에 입사하기에 앞서 한글을 열심히 배웠다. 그래서 어느 정도 조선어와 한글을 구사할 수 있게 되었을 때 임업시험장에서 조선사람들과 함께 일했다. 꽤나 시간이 지나고 나서 그는 조카딸에게 이렇게 말했다.

"조선어에 대한 의욕을 어떻게 갖게 되었는지 말하자면...선교사는
  이국땅에 오면 먼저 그 나라의 언어를 공부하는 것이다."

비록 총독부 관리였으나 그의 이런 모습은 참으로 아름다운 것이었다. 그의 조선과 조선 사람 그리고 그들의 언어에 대한 존중의 자세는 마치 일본 개신교 최초의 선교사 노리마쓰 마사야스의 뒤를 잇는 것이라 할 수 있을 정도였다. 언어만이 아니었다. 아사카와 다쿠미는 입는 것과 사는 것, 먹는 것 등 모든 면에서 조선인과 동일하게 살고자 했다. 그는 어느 날인가 일기에 이런 기록도 남겼다.

"조선의 의복을 입고 있었다는 이유로 본청 현관에서 순사에게 질
  책을 받았다. 조금 불쾌한 기분이었다."

총독부 현관의 경찰에게 지적을 받고 문제가 되었음에도, 아사카와 다쿠미는 조선 의복을 입는 일을 결코 중단하지 않았다.

조선의 산을 푸르게 돌려 놓겠다

아사카와 다쿠미의 주요 업무는 조선의 산야에 나무를 심어 삼림을

아사카와 다쿠미의 묘역. 현재 서울 망우리 공동묘지에 있다.
오늘까지도 많은 사람이 그를 기억하고 추모한다.

조성하는 것이었다. 그는 식민지 조선의 조림造林사업에 깊이 관여했다. 조림 사업은 그의 본업이었다. 식민지의 총독부가 주관하는 조림이라는 것이 어떤 목적이었을지에 대해서는 우리가 충분히 예측할 수 있는 문제다. 삼림이 갖는 경제적 가치에 대해 아직 초보적인 수준의 인식만 갖고 있던 시대였지만, 총독부는 조선의 산야에 나무를 심는 일에 어느 정도는 관심이 있었다. 경제성과는 상관없는 나무들이 대부분이었더라도 그 일은 식민지 조선의 산야가 조금이라도 더 푸르러지는 일에 어느 정도 도움이 되었다.

아사카와 다쿠미의 역할은 총독부의 계획과 지시를 실행하는 것이었다. 그는 임업 전문가로서 총독부에 근무하면서 조선 산야 각지를 시찰했다. 그가 본 조선의 산들은 대부분 벌거숭이였다. 원인은 간단하고 당연했는데, 문제는 벌목은 하면서도 조림을 전혀 하지 않는 것

이었다. 대한제국에서 식민지 조선으로 넘어가는 와중에 그리고 식민
지가 되어버린 나라에서 통치기관이건 민간이건 할 것 없이 여러 필
요에 따라서 마구잡이로 삼림을 벌채해 버린 것이다. 그들은 그렇게
벌목만 했을 뿐 베어버린 자리에 다시 나무를 심는 일에는 관심이 없
었다.

그는 산림과 직원이면서 동시에 그가 살아가는 사회, 특히 그가 존
중하는 조선을 위해서 "조선의 산을 푸르게 되돌려 놓겠다"라는 사명
을 발견했다. 그리고 그 일에 그의 모든 정열을 쏟았다.

그의 사명은 말뿐이 아니었다. 그는 산림과와 임업시험장에서 조
선 낙엽송의 육묘 실험을 반복했다. 그리고 그 나무들의 발아와 육묘
에 성공해 조선 산야를 푸르게 하는 일에 크게 공헌했다. 특히 잣나
무 육종을 기존 2년에서 1년으로 단축시킨 것은 그의 공헌이었다. 그
의 실험 성공은 식민지 산야를 쓸모없이 내버려 두거나, 일본의 필요
에 의해서만 조림하려는 목적과는 거리가 있었다. 그는 진정 조선의
산야에 필요한 육림 사업을 펼친 것이다. 그렇게 아사카와 다쿠미와
그의 동료들이 심은 수목은 백여 년이 지난 현재에도 한반도의 산야
곳곳에서 자라고 있다. 현재 대한민국 산야의 37퍼센트가 그가 심은
잣나무 숲이다. 그는 해방된 한국의 공무원들과 관계 전문가들에게
서조차 한반도 녹화사업에 크게 공헌했다는 찬사를 듣는다. 지금도
한국의 삼림 전문가들은 그의 노력과 공헌을 높게 평가하고 있다.

조선의 민속예술에 매혹되어

아사카와 다쿠미는 총독부 산림과 직원의 역할 외에도 관심 분야가 따로 있었다. 바로 조선의 민속 예술에 대한 관심이었다. 아사카와 다쿠미는 조선의 민간 예술이 품고 있는 아름다움을 바로 알아 본 사람이었다. 아사카와 다쿠미는 총독부에 근무하면서 백자로 불리는 조선 시대의 도기陶器를 형 노리타카와 함께 일본에 소개했다. 총독부에 근무하면서 여기저기 한국의 산야를 다니다가 구한 도자기 파편들을 가져다주거나 어렵사리 얻은 백자와 같은 도자기를 형에게 보여준 것이다.

당시 조선 시대 '백자'는 매우 평가가 낮아서 조선 내에서도 싸구려 취급을 받고 있었다. 그런 백자의 가치에 먼저 주목한 사람은 형 노리타카였다. 그는 이 도기의 아름다움에 매료되어 스스로 많은 수의 백자를 사 모았다. 그리고 일본에 돌아가 잘 알려진 민예운동가이자 종교사상가인 야나기 무네요시柳宗悦에게 그가 소장한 백자들을 소개했다. 야나기는 단번에 백자의 아름다움을 알아보았다. 그리고 조선 백자를 연구하고 보호하는 일에 앞장서게 되었다.

이후 야나기와 노리타카 그리고 아사카와 다쿠미는 공동으로 백자를 중심으로 한 조선 도예에 관한 정당한 연구를 벌였다. 그리고 조선 백자가 바른 평가를 받도록 '민예운동'을 이끌었다. 그들은 한국과 일본 두 곳 모두에서 백자의 아름다움과 가치를 널리 알리고 백자를 귀하게 여기는 운동을 확산시켜 갔다. 그리고 그들의 이러한 활동은 1924년에 경성에서 조선민족미술관이 개관되도록 함으로서 커다란 열매를 맺게 된다. 그들은 조선의 도자기들이 조선에 있는 박물관과 미술관에 전시되기를 바랐다. 종전후 조선민족미술관은 한국 국립박물관과 국립미술관의 모태가 되었다. 이들 형제가 수집한 도자기들이 자연스럽게 한국의 박물관과 미술관에 전시된 것은 당연한 이야기다. 이후에도 아사카와 다쿠미의 형 노리타가는 독자적으로 백자에 대한 연구를 이어갔다. 그래서 그는 훗날 '조선도자기의 신'으로 불리게 된다.

한편 아사카와 다쿠미는 형 노리타카와는 별도로 조선의 민속공예를 귀히 여기며 바르게 평가하는 일에도 매진했다. 그는 특히 조선 민간의 다양한 공예품들과 예술품들을 가치 있게 보고 그것을 연구하여 조선과 일본 사회 모두에게 바르게 알리는 일에 매진했다. 그는 특히 조선의 밥상 '소반'小盤을 연구했다. 조선사람들의 밥상은 특이했다. 그것은 매우 독자적인 조선인들만의 문화였다. 아사카와 다쿠미는 그 사실에 주목해 조선인들의 일상의 아름다움 가운데 하나인 소반을 연구하고 그 가치를 세상에 알렸다.

그는 진정 조선의 가치를 알았던 일본인이었다. 그는 조선이 품고 있는 문화적 아름다움을 가치 있게 보고 그것들을 조선인의 것으로 연구하고 보존했다. 그는 그 모든 연구와 고민을 글로 남겼는데, 1996년에는 '일본·조선의 민예의 원류로 선 아사카와 다쿠미의 전모'라는 제목을 붙인 그의 저작, 일기, 서간을 총망라한 『아사카와 다쿠미 전집』淺川巧全集이 출판되기도 했다. 그는 조선인이 자기들의 것을 마음 놓고 사랑할 수 없었던 시절에 조선의 아름다움을 진정 조선의 것이 되도록 한 일본인이었다.

그리스도인으로서

아사카와 다쿠미는 일본인이기 이전에 한 명의 그리스도인이었다. 그는 그리스도인이 어떤 사람이며 어떻게 살아야 하는지에 대해 확고한 자기 입장이 있었다. 그것은 자유와 평등 그리고 사랑이었다. 그리스도인은 누구를 속박해서는 안 되며 타인을 함부로 여기지 말아야 한다. 무엇보다 그리스도인은 그가 예수님에게서 받은 사랑 그대로를 타인에게 베풀 줄 알아야 한다. 이것이야말로 바로 아사카와 다쿠미가 평생을 잊지 않은 채 지켰던 그리스도인의 삶의 가치였다. 물론 그는 이 모든 가치를 그의 본국 일본이 아닌 그의 헌신의 대상인 조선에서 조선인들을 향해 펼쳤다.

모든 분야에 걸쳐 조선에서 아사카와 다쿠미가 이룬 것들 이상으로 우리가 주목할 만한 것은 바로 아사카와 다쿠미의 그리스도인으로서 삶의 태도일 것이다. 당시 대부분 일본인은 관청에 속한 사람들이건 민간인이건 불문하고 조선인들을 낮추어보는 습관에 이미 관성이 붙어 있었다. 그런 시대에 아사카와 다쿠미는 조선의 사람들과 동일한 눈높이로 살며 그들의 삶의 현장 그리고 그들의 마음에 바짝 다가서서 생활하는 것을 목표로 했다.

그가 살고 있던 총독부 관사에는 늘 많은 조선인 동료와 친구들이 놀러 왔다. 그는 자기를 찾아와 어울려주는 조선사람들을 존중했다. 그리고 그들 하나하나를 존중 받을 만한 인간으로, 인격체로 대우했다. 하급 관리로서 봉급이 많지는 않았으나, 아사카와 다쿠미는 자기보다 가난한 조선인 동료들을 돕고 조선인 학생들에게는 장학금을 지원했다. 그가 장학금을 낸 것은 그리스도인으로서 곤란에 처한 이웃을 배려하고 돕고자 한 데에서 기인한 것이겠다. 그러나 거기에는 자신이 조선인보다 많은 봉급을 받고 있다는 것에 대한 일종의 미안한 마음과 지배계층 일본인으로서 피지배계층 조선인들에 대한 부당한 처우들에 대해 속죄하고자 하는 의미도 있었다고 여겨진다.

1923년 9월 1일, 일본 관동 일대에 대지진이 일어나 엄청난 피해가 발생했다. 그러나 끔찍한 일은 그 직후에 일어났다. 조선인들이 방화를 일삼고 우물에 독을 풀어 넣었다는 유언비어가 정부의 잘못된 정책으로 퍼지게 되면서 동경 수도권을 중심으로 6천 명 이상의 조선인들이 학살을 당한 것이다. 그 소식을 접한 아사카와 다쿠미는 가슴 아파하며 일본인의 폭거를 비판하고 조선인을 변호하기 위해 일본으로 돌아갈 것을 고려했다. 그는 그만큼 조선인들에 대해 각별한 마음을 품고 있었다. 이뿐이 아니었다. 아사카와 다쿠미는 총독부가 조선의 유서 깊은 경복궁의 성벽을 파괴하고 광화문을 제거하는 일에도 반대하고 경성 남산 자락에 조선 신궁을 건축하는 것에 대해서도 매우 거세게 비판하고 나섰다.

한국의 흙이 되다

물론 아사카와 다쿠미에게도 당시의 일본인이자 총독부 하급관리로서 갖는 여러 한계가 있었을 것이다. 그가 일본인이며 총독부의 관리였다는 것은 어쩔 수 없는 그의 삶의 조건이었다. 그럼에도 불구하고 아사카와 다쿠미가 한국과 일본 사이 다리를 연결하는 하나님의 도구로서 힘쓴 일들은 결코 그 색이 바래지 않을 것이다.

그가 조선에서 이룬 일들의 의미와 가치는 그의 죽음에서 한층 더 명확하게 드러났다. 그는 1931년 급성폐렴으로 마흔 살의 젊은 나이에 세상을 떠났다. 그가 죽자 경성감리교회를 담임하고 있던 다나카 다쿠미田中巧 목사가 장례식 사회를 맡았고, 소다 가이치曽田嘉伊智가 그의 죽음을 앞에 두고 시편 23편을 낭독했다. 소다는 '조선 고아의 아버지'로 알려진 일본인 전도사이자 가마쿠라보육원鎌倉保育院 원장이었다.

친구들의 대표로 조사를 맡은 야나기 무네요시는 발인 모습을 이렇게 기록하고 있다.

"그의 죽음이 인근 각처의 마을에 알려지자 사람들은 무리를 지어 이별을 고하러 모였다. 가로 놓인 그의 시신을 보고 통곡하는 조선인이 얼마나 많았는지! 일본과 한국의 반목이 어둡게 흐르고 있는 조선의 현 상황에서는 볼 수 없는 장면이었다. 관은 조선인들이 스스로 요청하여 메고 청량리에서 이문동 언덕으로 운구되었다. 운구하겠다고 나선 사람들이 너무 많아 모두 응할 수 없을 정도였다... 그는 그가 아끼던 조선 의복을 입은 채 조선 땅의 공동묘지에 묻혔다."

유언에 따라 그는 한국 땅현재 망우리 공동묘지-역자주에 잠들었다. 그의 묘에는 다음과 같은 비문이 새겨져 있다.

'한국의 산과 민예를 사랑하고 한국인의 마음 속에 살다 간 일본인, 여기 한국의 흙이 되다.'

　일본의 역사소설가 에미야 다카유키江宮隆之는 1994년에 아사카와 다쿠미의 삶을 소개한 소설 『백자의 사람』道~白磁の人을 발표했다. 2012년에는 이 소설을 원작으로 영화가 개봉되기도 했다. 아사카와 다쿠미는 진정 조선을 사랑하고 조선의 모든 것에 애정을 쏟은 그리스도인 일본인이었다. 단 17년간 살았던 조선에서 그는 그가 만난 모든 것에 깊은 애정과 존중의 마음을 드러냈다.

아사카와 다쿠미, 그의 진정한 위대함이 오늘도 두 나라 사이에 다리가 된다

손창남 선교사

전 OMF 대표
현) 동원부 담당

고린도전서 9장 18절
그런즉 내 상이 무엇이냐 내가 복음을 전할 때에 값없이 전하고
복음으로 말미암아 내게 있는 권리를 다 쓰지 아니하는 이것이로다

경건한 어머니의 신앙을 이어받은 아사카와 다쿠미는 일본 관리로 한국에 왔지만 그는 다른 일본인과 달랐다. 그는 일본 관리들이 근무 중에 제복과 사브르를 착검하고 다니며 위세를 떨었던 것과 완전히 대조되는 삶을 살았다. 그는 평소에도 조선인의 옷을 입고 다녔고, 조선의 말을 사용했다. 그런 그를 전차에서 조선인으로 취급했다는 한 일본인의 이야기는 웃기기도 하고 슬프기도 하다. 그가 조선인의 복식으로 총독부를 출근했다는 이야기, 그런 그를 제지하고 훈시했다는 일본 경찰의 이야기에서는 두루마기를 걸친 일본인 아사카와 다쿠미의 모습이 잠시 그려지기도 했다. 참으로 존경스러운 것은 그

가 그렇게 하고 다니는 이유를 묻는 조카에게 이렇게 대답한 것이다. "선교사는 그 나라에 가면 그 나라 말을 배워야 한다."

우리 모두는 허드슨 테일러의 위대한 삶을 알고 있다. 그의 위대함은 그가 선교하며 이룬 업적들에서도 드러나지만 그가 중국인들 사이에서 그들의 일부가 되려 했다는 이야기에서도 여실히 드러난다. 선교사의 위대함, 목회자의 위대함은 그들이 피선교지 사람들에게 얼마나 녹아들었는가, 그들이 양들의 삶에 얼마나 동행하고 있는가의 여부에 달려 있다. 선교사와 목회자의 멋진 설교나 위대한 프로젝트에서는 그들이 하나님의 부르심을 받은 위대한 자들이라는 흔적을 찾을 수 없다. 하나님의 선교의 위대함은 밀알이 되는 일에 있다. 하나님의 사역의 위대함은 온전히 썩어져 자기는 형체를 잃는 가운데 싹을 틔우고 결실하게 되는 일에 있다. 아사카와 다쿠미는 그 위대함을 우리에게 가르친다.

아사카와 다쿠미는 일본인으로서, 일본 관리로서의 자기가 누릴 수 있는 모든 권리를 포기하며 한국에서 한국인의 진정한 친구로 살았다. 마치 예수님이 이 땅에 오셨을 때 하나님과 동등됨을 취하지 않으시고 인간의 몸으로 섬기시는 가운데 성육신의 모습을 실제로 보여주신 것과 같다. 그는 조선과 조선인을 위해 값없이 자기를 내어놓고 온전히 자기를 바쳤다. 그런 그에게서 우리는 그리스도 예수 십자가의 사랑이 온전히 일어나는 것을 보게 된다. 그런 그의 삶과 사역에서 여전히 무너지지 않는 한국과 일본 사이 끊어지지 않을 복음의 다리를 보게 된다. 아사카와 다쿠미는 교회가 정식으로 파송한 선교사는 아니었지만 누구보다 선교사처럼 살다가 한국의 흙이 되었던 그리스도인이었다.

제6장

후치자와 노에
여성교육으로 다리가 되다

淵澤能惠, 1850-1936

후치자와 노에(淵澤能惠, 1850-1936)

2014년 4월부터 9월까지 NHK에서 '하나코와 앤'花子とアン이라는 드라마가 방영되었다. 극 중 주인공인 무라오카 하나코村岡花子, 1893-1968: 잘 알려진 일본 크리스천문필가, 아동문학가, 번역가는 실존했던 인물인데 도요에이와여학교東洋英和女學校, 드라마에서는 슈와여학교로 등장, 현 교육법인 도요에이와조가쿠인에서 공부했다. 우리는 드라마를 통해 그 시대 여성들이 무엇을 바라보며, 무엇을 그리며, 무엇을 꿈꾸며 살았는지 그 일면을 볼 수 있다. 그 시대에도 여성들은 지극히 일부이긴 했지만 학교에 다닐 수 있었고 공부라는 것을 할 수 있었으며 자기 미래에 대해 꿈을 꿀 수 있었다.

사실 그 시대 여성들이 자기만의 꿈을 실현하며 살아간다는 것은 어려운 일이었다. 여성들은 남성들 중심으로 돌아가는 세상에 얹혀사는 일종의 부차적인 존재들이었다. 여성들은 그저 아버지 밑에서 잘 자라 좋은 남자 만나서 결혼하고 자녀를 낳고 내조를 잘하고 그렇게만 하는 것이 옳다고 여겨지는 세상이었기 때문이다. 그런 여성들이 한자리에 모여 교복을 입고 공부하며 재잘거리고 미래를 이야기하고 꿈을 이야기하고, 그리고 그 꿈을 실현하기 위해 노력할 길이 열렸다. 그런 학교는 일본에만 세워지지 않았다. 조선에도 여성들을 위한 학교라는 것이 설립되었다.

후치자와 노에淵澤能惠는 1885년부터 짧은 시간 무라오카 하나코가 다니던 도요에이와여학교에서 교사로 있었다. 비록 무라오카 하나코가 이 학교에서 공부하던 시절 이미 조선으로 건너가 있었지만, 후치자와 노에는 하나코와 같은 꽃 같은 여학생들을 무수히 길러냈다. 그녀는 여학생들이 차별 없이 인간답게, 행복하고 아름다운 꿈을 꾸며, 멋진 미래를 계획할 시간을 갖도록 일깨웠고 가르쳤다. 놀라운 것은 후치자와 노에가 여성들을 가르치는 일을 일본에서만 하지 않았다는 것이다. 그녀의 여성 교육 비전이 진정 꽃을 피운 것은 오히려 식민지 조선 땅이었다. 그녀를 통해 무수히 많은 식민지 조선 여성들이 공부를 하고, 꿈을 키우며, 그 누구도 아닌 자신만의 미래를 위해 자신 있게 일어설 수 있었다.

후치자와 노에는 식민지 조선의 여성들을 일깨우고 그들로 하여금 그 누구도 아닌 조선의 여성으로 살아갈 수 있도록 길을 열어 주었다.

미국 땅에서 그리스도인이 되다

후치자와 노에는 에도 시대 말기인 1850년 이와테현 히에누키군 이시도리야정岩手縣稗貫郡石鳥谷町. 현재 하나마키시에서 후치자와 집안의 둘째 딸로 태어났다. 후치자와 노에가 태어난 지 3년이 지난 때 미국의 매튜 캘브레이드 페리Matthew Calbraith Perry, 1794-1858 제독이 우라가浦賀에 배를 대고서 개항을 요구하고 일본이 드디어 문호를 열게 되는 역사의 전환기에 그녀의 삶은 시작되었다. 후치자와 집안은 가난하여 후치자와 노에는 출생 후 곧 하마다濱田 집안에 양녀로 보내져 양어머니 가루カル에게 양육되었다. 그리고 그녀는 열세 살에 다시 '고용살이'를 위해 장사를 하는 한 상가商家에 보내졌다. 후치자와 노에는 그 곳에서 십 년간 일하며 열심히 일했고 상가 주인에게 인정을 받았다.

후치자와 노에는 똑똑한 아이였고 꿈이 있는 아이였다. 그리고 배우기를 좋아하는 아이였다. 상가에서 더부살이로 일을 하면서도 후치자와 노에는 일만 하지 않았다. 스스로 한문을 익히고 장사에 관한 여러 가지 상식 등을 공부했다. 그래서 상가에서 이루어지는 웬만한 일들을 스스로 처리할 수 있을 만큼 실력을 쌓았다. 그렇게 메이지 유신明治維新을 맞았고, 스물세 살의 후치자와 노에는 상가 주인의 신임을 받으며 점차 일의 폭을 넓혀갈 수 있게 되었다. 상가 주인은 건실한 그녀가 마음에 들었는지 후치자와 노에를 장남과 혼인하도록 했다. 그러나 그 결혼생활은 오래가지 못했다. 후치자와 노에는 장사나 일은 잘했지만 전통의 관습이 강하게 작용하는 결혼생활에는 쉽게 익숙해지지 않았다. 결국 얼마 후 이혼이라는 인생의 쓴맛을 경험한다. 메이지

유신 이후 사회가 많이 바뀌었다지만 바깥일을 더 좋아하고 공부하기를 좋아하는 후치자와 노에를 남편과 그 집안이 받아들이기는 어려웠다.

이혼 후 후치자와 노에는 가마이시釜石로 옮겨 친정 오빠에게 의탁했다. 그리고 생가生家의 후치자와 성씨를 회복한다. 이 시기에 후치자와 노에는 후쿠자와 유키치福澤諭吉, 1835-1901의 저작인 『학문의 권장』學問のすすめ, 『서양 사정』西洋事情 등을 읽고 강한 감동을 받았다. 당시 일본에 소개되기 시작한 유럽과 미국 등의 발전된 사회상은 여성으로서 전통적인 삶에 자기를 묶어두기보다는 무언가 독립적인 삶을 원했던 후치자와 노에에게 이상향과 같았다. 그렇게 후치자와 노에는 발전한 서양 문명을 동경하게 된다.

1879년 스물아홉의 후치자와 노에는 일본 정부가 고용해 일본에 와서 일하던 한 미국인 일가가 미국으로 귀국하기에 앞서 자기들을 위한 가정부를 모집한다는 소식을 듣게 된다. 서구 문명을 동경하고 있던 후치자와 노에는 대담하게 그 일을 지원했다. 그리고 결국 채용되어 미국인 일가와 함께 미국 로스앤젤레스로 건너갔다. 꿈에도 그리던 서양사회로 발을 내딛게 된 것이다. 후치자와 노에는 미국으로 건너가서도 열심히 일했다. 근면과 성실은 그녀의 삶에서 귀중한 자산이었다. 그런데 그녀에게 안타까운 일이 발생한다. 그녀가 일하던 집안사람들에게 그녀가 아시아인이라는 이유로 철저히 차별 대우를 받은 것이다. 그녀는 그것을 견딜 수 없었다. 결국 후치자와 노에는 그 집에서 나오고 말았다. 그리고 이번에는 샌프란시스코에서 한 미국인 여성에게서 일자리를 얻게 된다.

그 미국인 여성은 경건하고 교양있는 그리스도인이었다. 그녀는 신실한 신앙과 인품으로 후치자와 노에를 대해주었다. 미국인 여성은 매사에 후치자와 노에를 인격적으로 대해주었고 심지어 그녀에게 서양 문물에 관한 많은 것을 가르쳐 주기도 했다. 후치자와 노에는 그녀의 훌륭한 인품과 경건한 생활 모습에 감동했다. 그리고 그녀에게서 기독교 신앙을 듣고 그것을 받아들이게 된다. 얼마 지나지 않아 후치자와 노에는 세례를 받고 참 그리스도인이 되었다. 그녀에게 완전히 새로운 인생이 시작된 것이다. 그녀는 이후 미국에서 많은 것을 배우고 익혔다. 그 가운데 영어를 제대로 구사하게 된 것은 그녀에게는 큰 자산이 되었다.

조선으로 가 여성교육의 길을 열다

그즈음 홀로 고향에서 살고 있던 양어머니 가루는 후치자와 노에가 미국 생활을 정리하고 고향으로 돌아와 주기를 간절히 바랐다. 후치자와 노에는 양어머니의 간절한 요청을 듣고 삼 년간의 미국 생활을 접고 귀국길에 올랐다. 1882년의 일이다. 일본에 돌아와서도 후치자와 노에는 배움을 향한 간절함을 품었다. 그녀는 어떻게든 더 많은 것을 알고 싶어 했고 배우고 싶어 했다. 결국 후치자와 노에는 서른두 살이던 1882년 4월 교토京都의 도시샤여학교同志社女學校, 현재 도시샤여자대학에서 공부를 시작했다. 말 그대로 만학도였다. 그녀는 그 학교에서 설립자

니지마 조新島襄, 1843-1890[20]에게서 깊은 인상과 많은 감화를 받았다. 그리고 나머지 평생을 학생들을 가르치는 일을 위해 헌신하기로 했다.

이후 후치자와 노에는 도요에이와여학교, 시모노세키센신여학교下關洗心女學校, 후쿠오카 에이와여학교福岡英和女學校를 비롯해 도쿄東京, 구마모토熊本 등지의 몇몇 미션 스쿨에서 약 20여 년간 교사로 살게 된다. 이 시절 후치자와 노에는 여성들을 가르치고 여성 지도자를 양성하는 일에 눈을 뜨게 된다. 후치자와 노에가 보기에 여성이 깨어나고 교양과 지식을 갖는 것이 무엇보다 중요했다. 그녀는 기독교 신앙을 기반으로 여성들을 일깨우고 여성들이 가정뿐 아니라 사회에서도 제 역할을 잘 할 수 있도록 가르쳤다.

그렇게 시간이 흘러 1904년 양어머니가 세상을 떠나자 홀로 남은 후치자와 노에는 앞으로의 인생에 대해 깊이 생각하는 시간을 가졌다. 이때 그녀는 이미 쉰다섯의 나이가 되어 있었다. 그럼에도 후치자와 노에는 자기 나이에 구애받지 않고 깨어 있는 여성으로서 무엇인가를 할 수 있게 되기를 바랐다. 그리고 부지런히 자신이 할 수 있는 일, 해야 할 일들을 살피기 시작했다. 그녀는 진정 깨어 있었고 스스로 배우는 일과 누군가를 가르치는 일에 부지런했다.

바로 그해 러시아와 일본 사이에 전쟁이 발발했다. 그리고 그 이듬해 포츠머스 조약Treaty of Portsmouth이 체결되면서 전쟁은 일본의 승리로 종결되었다. 러일 전쟁의 승리를 계기로 일본은 조선 식민지화를 본격적으로 착수했다. 그리고 마침내 '을사늑약'乙巳勒約을 거쳐 1910년에

---

20) 미국 유학 후 미국해외선교위원회(American Board of Commissioners for Foreign Missions)의 준선교사 자격으로 귀국하여 지금의 도시샤대학의 전신인 '도시샤에이(英)학교'와 도시샤여자대학의 전신인 '도시샤여학교'를 설립한 메이지기 기독교의 대표적인 교육자.

는 결국 조선을 강제 병합했다. 이 시기에 후치자와 노에는 고자키 히로미치小崎弘道, 1856-1938[21] 목사가 세운 반초교회番町敎會에 출석하고 있었는데, 이 교회를 지원하고 있던 오카베 나가모토岡部長職, 1855-1925[22] 부부와 가깝게 교류하고 있었다. 오카베 부부는 후치자와 노에가 미국에서 귀국하는 길을 함께 하면서 알게 된 사이였다.

오카베 부부는 누구보다 후치자와 노에의 열정을 잘 알고 있었다. 그들은 조선 여행을 계획하고 있었는데, 이때 후치자와 노에에게 조선 여행에 동행할 것을 권유했다. 후치자와 노에는 선뜻 그들의 조선 여행에 동행하기로 결정했다. 그리고 마침내 조선으로 건너가게 되었다. 일단은 여행이 목적이었다. 병탄의 욕심을 품고 있는 나라 사람들의 식민지가 되려는 나라에 대한 여행은 이미 고정된 관념 같은 것이 있었다. 오카베 부부의 여행은 제국의 위치로 올라선 일본 국민의 피식민지가 되려는 땅에 대한 여행이었다. 그 여행에 동행한 후치자와 노에는 묘한 감정이 들었다. 오래전 미국으로 건너가 겪었던 일들이 생각나는 여행이었다.

결국 이 여행에서 후치자와 노에는 원래 여행 목적과는 전혀 다른 것을 얻게 된다. 그녀는 그 여행에서 인생의 새로운 꿈을 꾸기 시작했다. 바로 조선 여성 교육에 관한 꿈이었다. 오카베 부부와 조선을 여행하는 내내 그녀는 조선의 현실, 특히 조선 여성의 열악한 현실을 보게되었다. 그리고 그것은 후치자와 노에의 마음에 커다란 도전으로 다

---

21) 구마모토(熊本) 출신으로 일본조합기독교회 지도자이며 도시샤에이학교의 제2대 사장(社長. '총장'으로 개칭한 1918년 이전까지 '사장'으로 불림)을 역임했다.

22) 미국 유학 중 드와이트 라이먼 무디의 설교를 듣고 회심한 후, 일본조합기독교회 교인이 되었으며, 메이지(明治)기·다이쇼(大正)기의 정치가 및 외교관으로 활동했다.

후치자와 노에가 다닌 도시샤 여학교. 후치자와 노에는 나이든 학생이었으나 배움에 열정이 있었고 무엇보다 여성들을 일깨우는 일에 열심이었다.

가왔다. 일본도 그랬지만, 당시 조선은 특히 오랜 유교문화의 영향으로 남존여비男尊女卑의 풍조가 심했다. 당연히 여성에게 배움의 기회는 극히 제한되어 있었다. 후치자와 노에는 미국 생활과 도시샤여학교에서 쌓은 지성, 그리고 여러 학교에서 가르친 경험에서 조선 여성의 현실을 타파해야겠다는 의지가 생겨나기 시작했다.

긍지 있는 조선인 여성이 돼라

1906년 고종의 후궁 순헌황귀비 엄씨1854-1911는 여성 교육에 열의를 가지고 있었다. 그녀는 왕실의 재산을 하사해 여성들을 위한 학교를 세우도록 했다. 그렇게 진명여학교進明女學校와 명신여학교明新女學校가 세워지게 되었다. 이때 조선에 머물던 후치자와 노에는 명신여학교 개교에 깊이 참여하게 되었다. 그리고 학교가 열리자 교육자로 참여하게 된다. 정경부인貞敬夫人 이정숙李貞淑, 1858-1935, 여성 교육가이 초대 교장에 취임하고, 후치자와 노에는 학감 겸 주임교사가 되어 실질적으로 운영과 교육 일체를 도맡았다.

명신여학교는 처음에는 양반 가문의 소수의 여학생들로 시작했다. 학교에서는 주로 기초적인 교육이 이루어졌는데 국한문, 일어, 산술, 이과, 가사, 재봉, 수예, 음악, 도화, 습자, 체조 등이 주된 과목이었다. 굉장히 초보적인 것으로 보이지만, 여성이 이 정도라도 배울 수 있다는 것은 당시 사회로서는 획기적인 일이었다. 학교는 점차 알려지게 되었다, 그리고 점차 평범한 집안의 여학생들에게도 교육을 개방했다. 그래서 곧 200명이 넘는 여학생들이 공부하는 큰 학교가 되었다. 후치자와 노에는 조선의 왕실에서 하사한 지원금에 더하여 교장인 이정숙과 자신이 직접 교비를 충당하기 위해 많은 노력을 기울였다. 그리고 당대 일본인과 조선인 모두에게 여성 교육의 필요성과 중요성을 역설했다. 그녀는 학교에서 학생들과 늘 침식을 함께했다. 그리고 학생들에게 늘 "긍지 있는 조선인 여성이 돼라"고 가르쳤다.

후치자와 노에의 노력으로 1911년 학교는 '숙명여자고등보통학교' 淑明女子高等普通學校라는 새로운 이름을 얻게 되었고, 더욱 발전하게 되었다. 그리고 이듬해인 1912년에는 재단법인 숙명학원이 설립되었다. 이제 후치자와 노에는 학교의 이사장으로서 학교 운영의 책임을 맡게 되었다.

학교 교육은 설립초기보다 여성 교육에 특화되고 전문화되어 많은 학생들이 훌륭한 인재로 배출되기 시작했다. 덕분에 조선 사회에는 기독교 신앙에 기초하여 지식과 교양을 갖춘 여성들이 많이 늘어나기 시작했다. 졸업생 가운데는 공부하기를 더 원하는 학생들도 있었다. 그들 가운데에는 도쿄여자고등사범학교東京女子高等師範學校 등에 유학하는 학생들도 나왔다. 후치자와 노에는 이정숙과 함께 사비를 털어 학생들의 유학 자금을 지원했다. 그녀는 조선 여성교육에 대해 확고한 신념과 사명을 갖고 있었다. 1917년에 쓴 일기에서 후치자와 노에는 조선에 건너와 여성 교육에 힘쓰고 있는 이유를 명확히 밝히고 있다.

"내가 조선에 오게 된 것은 하늘이 내게 주신 사명이라고 생각한다...내가 조선 땅에 머무는 것은 은혜를 갚고자 하는 마음에서다. 옛날 조선이 개국한 이래 우리나라(일본)는 조선의 문화에 인도를 받았다..."

1919년 3월 1일, 가혹한 일본의 식민지 지배에 저항해 일어선 조선 사람들은 '독립만세!'를 외치며 조선 전국에서 대규모 운동과 시위를 전개했다. 조선총독부는 경찰력뿐 아니라 군대까지 동원하여 조선 사람들의 독립운동을 철저히 탄압했다. 막강한 힘으로 무장한 일본을 조선인들이 이길 수는 없었다. 수개월에 걸쳐 전국적으로 일어난 독립운동은 곧 진압되었다. 그런 가운데 조선사람 체포 구금자 46,900인, 사망자 7,500인 그리고 부상자 15,900인이라고 하는 막대한 인명 피해를 내게 되었다. 이것은 조선사람들에게 말로 다 할 수 없는 비극이었다. 이 저항 운동의 물결은 후치자와 노에가 가르치고 있던 여학교에서도 일어났다. 독립을 선언하는 들불 같은 운동에 호응한 여학생들은 학내에서 시위행진을 벌였고, 수일 후에는 학원의 모든 학생들이 가두시위에 참가했다. 일본인이자 학교의 관리자 입장이었던 후치자와 노에는 복잡한 심경으로 학생들의 시위를 지켜보았을 것이다. 당연히 조선총독부와 경찰은 숙명여학교와 같은 주요 교육기관에서 만세운동이 일어나는 것을 묵과하지 않았다. 결국 그들의 탄압은 학교 내에까지 미치게 되었다.

이 아이는 제 학생입니다

맹렬한 불길로 일어난 범민족 운동에 조선총독부는 한편으로는 무자비한 탄압을 벌이면서 그때까지의 '무단통치'武斷統治로부터 '내선융화'內鮮融和를 목표한 '문화통치'文化統治로 전환을 선언하며 조선 사람들을 회유하려 했다. 그러나 그들의 식민지 지배의 본질은 변하지 않았다. 숙명여자고등보통학교의 여학생들은 만세 운동의 큰 불이 사그라든 후에도 총독부의 지배에 항의하는 몇몇 시위에 참가하는가 하면, 동맹 휴교라는 큰 사건을 일으켜 교내 저항을 계속 이어갔다. 그리고 결국 몇몇 여학생들은 연행되는 일까지 벌어지게 되었다.

후치자와 노에는 더 이상 가만 있을 수 없었다. 그녀는 일본 경찰이 학교에 들어와 학생들을 연행하는 상황이 벌어지면 그 자리에서 "이 아이는 제 학생입니다. 구속될 신분이 아닙니다."라고 강하게 주장했다. 그리고 심지어 경찰서에 구금된 여학생들을 꺼내오기까지 했다. 총독부는 그런 후치자와 노에에게 압력을 가했다. 문제가 있는 학생의 학적을 취소하도록 명령한 것이다. 그렇게 하면 자기들이 학생들을 체포하고 조사하는 일이 쉬워질 것이기 때문이었다. 후치자와 노에는 그런 총독부에 강하게 저항했다. 그리고 아직 학생 신분이라며 그들을 보호했다.

물론 후치자와 노에 홀로 그 모든 상황을 다 막아낼 수는 없었다. 몇몇 학생은 보호를 받았고 몇몇 학생은 결국 후치자와 노에의 보호 노력에도 불구하고 학교에서 쫓겨나고 경찰에 끌려가는 일도 있었다. 그럼에도 후치자와 노에는 그녀가 학생들에게 마땅히 해야 할 일을 멈추지 않았다. 후치자와 노에는 기본적으로 일본인이 조선인보다 우월하다고 생각하지 않았다. 아시아인이 서양 사람과 동등하게 대접받아야 하듯 조선인도 일본인처럼 동등한 대접이 있어야 한다고 생각했다. 이런 그녀의 생각은 아무래도 미국에서 특히 로스앤젤레스와 샌프란시스코에서 일본인 가정부로 일했던 경험이 크게 작용한 것으로 보인다.

후치자와 노에는 조선 여성 교육에 대한 공으로 1915년 일본 정부로부터 훈6등 보관장을 받았다. 이후 그녀에게는 여러 차례 교육 관계 표창과 상들이 수여되었다. 그러나 그 모든 훈장과 상들은 결국 일본의 식민지 지배를 정당화하는 도구였다. 조선을 지배하는 일본의 입장에서 말하자면, 후치자와 노에는 그저 식민지 체제를 굳건하게 할 기초로서 한 가정의 '현모양처'를 배출하고 '내선융화'에 공헌할만한 식민지 교양 여성을 양성하는 일에 충실한 일본인이었다. 그런 면에서 후치자와 노에에게 주어진 표창이요 상들이라는 면을 부정할 수 없다. 당연히 후치자와 노에는 그 모든 표창과 훈장, 상들이 달갑지 않았다. 그러나 일본이 조선을 식민지로 지배하는 상황에서 그 모든 것은 받아들여야 할 수밖에 없었다.

어쨌든 후치자와 노에는 일본 정부의 훈장과 상장들에 일희일비하지 않았다. 그녀는 마음을 가다듬고서 자신에게 주어진 사명에 충실했다. 그녀는 엄혹한 시절에 기독교 신앙과 정신으로 남녀가 차별 없고 일본인과 조선인 사이에 차별이 없는 세상을 바라는 마음으로 그 중대한 기초요 시작점으로서 여성교육을 성실하게 이행했다. 그녀는 조선 여학생 하나하나를 자기 학생으로 품으며 그들이 깨어나기를, 그래서 주어진 사명을 온전히 감당하기를 진심으로 바랐다.

마지막 남은 것도 모두 여성 교육을 위해

1930년대에 들어 후치자와 노에는 이제 여든 살이 넘은 고령이 되었다. 그러나 그녀에게는 아직 꿈이 있었다. 교육자로서 성심을 다해 교육해 온 숙명여자고등보통학교를 더욱 발전시키고 싶다는 꿈이었다. 고령의 나이는 그녀의 꿈을 막지 못했다. 후치자와 노에는 평생을 꿈꾸는 여성으로 살아갔다.

그녀의 꿈은 숙명여학교를 명문 미션 스쿨인 이화여자전문학교와 같은 여자전문학교로 만들고 싶다는 것이었다. 후치자와 노에는 그 꿈을 실현하기 위해 고령을 불문하고 열심히 뛰었다. 그러나 그녀

후치자와 노에가 세운 명신여학교는 후에 숙명여자전문학교가 되고 해방후에는 숙명여자대학교가 되어 해방된 한국의 여성 고등교육의 핵심이 된다.

는 자신의 마지막 꿈이 실현되는 것을 눈앞에 두고 쓰러지고 말았다. 1936년의 일이었다. 그녀는 다시 일어서지 못했다. 그렇게 조선 여성 교육을 위해 인생의 후반을 온전히 헌신한 후치자와 노에는 여든여섯의 나이에 하늘의 부름을 받았다. 장례는 학교장으로 치러졌는데 참으로 많은 사람이 참석해 마음으로 애도를 표했다. 후치자와 노에는 생전에 유언을 남겨두고 있었다. 그것은 자신이 세상을 떠나면 모든 재산은 숙명여자전문학교의 설립자금으로 쓰기를 바란다는 것이었다.

유언대로 그녀가 남긴 모든 재산과 유품은 바자회 형식으로 일괄 매각되었고, 매각된 금액 모두는 숙명여학교의 전문학교 설립자금의 일부가 되었다. 그리고 3년 후, 1938년에 숙명여자고등보통학교는 후치자와 노에가 꿈꾸던 대로 숙명여자전문학교로 승격되었다. 그리고 해방 후에는 숙명여자대학교가 되어 오늘에 이르고 있다.

후치자와 노에는 당시 경성부 내 한 묘지에 안장되었다. 그리고 후에 그녀의 유골은 둘로 나뉘어 일본에도 안장되었다. 그녀가 묻힌 경성의 묘는 한국 전쟁 때 없어져 지금은 소재가 불분명하다. 사실 그녀의 헌신에 대한 한국인들의 의견도 불분명한 채로 서로 엇갈린다. 누군가는 그녀가 조선의 근대여성교육을 위해 진심으로 헌신한 사람이라 여기고 누군가는 그녀가 일본제국의 식민지 교육정책 수행에 충실했던 사람이라고 비판하기도 한다. 엇갈리는 평가는 앞으로도 계속될 것 같다. 그러나 한 가지는 분명하다. 여성들을 일깨우는 교육에 평생 헌신하며 한국과 일본 사이에서 다리가 된 그녀의 삶은 지금도 누군가를 위해 그리고 무언가 가치 있는 일을 위해 헌신하는 많은 사람에게 진중한 감동으로 살아 있다.

마음으로 잇다
06

후치자와 노에,
여성들을 일깨우는 교육의 다리

이재학 목사
하늘땅교회 담임
작은교회연구소 대표
블레싱재팬 이사

로마서 8장 35절
누가 우리를 그리스도의 사랑에서 끊으리요
환난이나 곤고나 박해나 기근이나 적신이나 위험이니 칼이랴

한국 여성 교육에 헌신했던 후치자와 노에의 꿈은 오늘 우리가 아
는 숙명여자대학교를 이루게 된다. 어쩔 수 없는 역사의 소용돌이 속
에서도 한 그리스도인의 헌신적인 삶이 이루어낸 결과이다. 후치자
와 노에는 평생을 꿈을 꾸었던 여성이었다. 그녀는 언제나 자신에게
주어진 운명적 한계를 넘어섰다. 그리고 하나님께서 예비하신 전혀
새로운 지경으로 나아갔다. 그리고 거기 새로운 땅에서 하나님께서
허락하시는 비전과 사명으로 성실하게 일했다. 그녀는 가난한 가정
에서 일어서 스스로 경영하는 삶으로 나아갔고 미국으로 건너가 전
혀 새로운 인생길을 개척했으며 종국에 일본과 한국 모두에서 여성
들을 일깨우는 교육의 선각자로 자리했다. 이 모든 것이 꿈꾸는 일을

게을리하지 않은 그녀의 삶의 자세 때문이다.

무엇보다 그녀는 우연히 동행하게 된 조선 여행에서 이후 평생을 조선 여성을 위해 사는 삶으로 나아갔다. 그녀가 조선 여성들을 일깨우고 가르치기로 한 것은 기본적으로 조선과 조선 사람들에 대한 미안함에서 출발한 것이었다. 그렇게 그녀는 엄혹한 식민지 조선에서 숙명여학교의 교장으로 이사장으로 헌신하게 되었다. 그녀가 "긍지 있는 조선인 여성이 되어야 한다"라고 가르치며 조선인 여학생들을 일제 경찰로부터 보호했던 대목은 아무리 일본인이라지만 쉽지 않았을 당시 현실을 고스란히 느끼게 해 준다. 56세에 조선 땅을 밟고서 86세에 하나님의 부르심을 받기까지 그녀는 그렇게 조선사람들 특히 조선 여성들을 위해 수고하고 헌신하는 삶을 살았다. 마지막 재산마저 모두 그녀가 사랑했던 학교와 그녀가 헌신해왔던 조선 여성들을 위해 사용하도록 했던 대목은 오늘 우리 한국교회가 잊고 사는 것이 있음을 일깨워준다.

후치자와 노에는 여성들만 일깨운 선각자가 아니었다. 그녀는 조선의 여성들과 나아가 조선의 모든 기독교인을 일깨우고 있다. 새로운 삶에 대한 도전과 현실에 굴하지 않는 자세는 이 땅에 살아가는 교회 공동체가 지향해야 하는 지점이다. 저항 공동체로서의 교회는 당대 사회와 세상에 대해 맹목적인 삶이 아니라 역사 가운데 자기 과제와 사명을 분명하게 세워나가야 한다. 사람의 눈을 열어주고 의식을 바꾸어주는 교육은 한 나라를 온전히 세우는 일이다. 그녀는 사랑으로 다리를 이은 참 그리스도인이었다. 한 알의 밀알은 썩으면 반드시 열매를 맺는다. 후치자와 노에의 삶은 그때에도 지금도 이 땅의 여성들과 기독교인들을 일깨운다. 그녀는 교육으로 두 나라를 이은 진정한 사랑의 다리였다.

제7장

오다 나라지
한국인 전도에 일생을 바친 선교사

織田楢次, 1908-1980

한국명: 전영복田永福

오다 나라지(織田楢次, 1908-1980)
한국명: 전영복田永福

낯선 땅에서 사명으로 살아간다는 것은 일상의 안락함으로 자신의 땅에서 살아가는 일과 비교할 수 없는 어려움이 수반된다. 기독교 신앙의 역사에는 이런 이야기가 무수히 많다. 많은 선교사들과 사역자들이 그들이 친근하고 편안한 땅을 떠나 낯선 도시와 나라로 갔다. 모든 것이 낯선 그곳에서 그들은 이방인으로 취급받는 가운데 사명의 자리로 한 걸음씩 깊숙하게 들어갔다. 복음이 처음 전파되던 시절 사도들은 흑해를 넘어 생경한 곳으로 들어갔다. 그리고 거기서 사람들과 어울려 살면서 복음을 전했다. 그런 일은 자주 있었지만 놀라운 것은 기독교 역사 속 선교사들이 피지배자들의 문화와 사회속으로 들어가 그들과 완벽하게 동화되었다는 것이다. 라틴 아메리카 원주민들에게 복음을 전하던 예수회 수도사들의 상당수는 아마존 정글 깊은 곳에 들어가 그곳의 인디오 및 원주민들과 함께 사는 가운데 그들을 파송한 스페인 정부와 교회가 얼마나 잔인했는지를 알게 되었다. 그들은 곧 원주민들에게 복음을 전하는 일이 그들의 편에 서서 스페인 정부와 싸우는 일임을 알게 되었다. 그리고 주저 없이 그 투쟁의 자리로 나아가 원주민들을 위해 싸웠다.

복음을 전하는 일은 때로는 그 땅 사람들의 고통스러운 현실을 마주하고 그것을 고스란히 마음에 품는 것까지 감당해야 한다. 복음 전도자는 그렇게 그 땅의 연약한 백성들을 위해 수고하고 헌신한다. 복음 전도자의 마음을 움직이신 하나님의 영이 그들을 그렇게 이끄시는 것이다. 일본이 조선을 지배하던 시절 많은 복음 전도자들이 조선 땅의 현실을 직면했다. 그들 가운데 어떤 사람들은 일본인으로서 자세를 견지했다. 그래서 지배자의 지위에서 조선인들에게 복음을 전했다. 그런데 그렇지 않은 이들도 있었다. 그들은 조선의 식민지 현실을 고통스럽게 살아가는 이들의 삶의 자리로 들어갔다. 그리고 그들 편에 서서 평생 살며 그들을 위해 싸우고 그들을 위해 헌신했다.

이 장에서는 총독부의 박해를 받으면서 한국에서 복음전도에 혼신을 기울이고 귀국 후에도 재일 한국인 교회를 섬기며 한국인 전도에 일생을 바친 오다 나라지 목사를 소개하고자 한다. 그는 1928년 스물두 살의 젊은 나이에 조선에 건너와 조선인에게 전도하던 때에 많은 조선인에게서 "선생님, 제발 노리마쓰 마사야스 선생처럼 전도해 주십시오."라는 말을 듣고 언제나 그 일을 마음에 새기며 전도를 지속했다. 어찌 보면 오다 나라지는 노리마쓰 마사야스를 넘어섰다. 그는 연약한 조선인의 편에 서서 그들의 아픔을 위해 살았던 참된 신앙인이며 목회자이고 선교사였다.

주지住持에서 선교사로

오다 나라지는 1908년 오사카大阪의 한 유복한 가정에서 막내 아들로 태어나 효고현兵庫縣 아시야芦屋에서 자랐다. 오다 나라지의 부친은 열렬한 불교 신자였는데 사비를 들여 절 한 채를 세우고 자기 아들을 그곳의 주지로 삼을 정도였다. 오다 나라지는 부친이 세상을 떠난 뒤 부친의 유언에 따라 그 절에 맡겨져 주로 절에서 학교에 다니며 생활했다. 이때부터 오다 나라지의 인생은 절의 주지가 되는 길로 정해졌다.

오다 나라지 스스로도 언젠가 주지가 될 생각으로 수행에 힘쓴 적도 있었다. 그러나 절에서의 생활은 쉽지 않았다. 결국 오다 나라지는 승려가 되는 길로는 들어서지 않고 끝내 절에서 뛰쳐 나왔다. 그는 고베神戸의 신카이치新開地 지역을 배회했다. 그때 오다 나라지는 노방전도를 하고 있던 '일본전도대'라는 기독교 전도 단체의 청년들에게 인도를 받았다. 그리고 미나토가와전도관湊川傳道館으로 가서 거기서 새롭게 생활하게 되었다. 절을 나와 교회로 인도되었다는 것은 하나님의 섭리라 해야 할 것 같다. 오다 나라지는 이렇게 하나님의 은혜와 인도 가운데 인생의 중대한 전환을 경험하게 된 것이다.

오다 나라지는 전도관을 이끌고 있던 호리우치 분이치堀內文一, 1875-1940 목사에게 세례를 받고 온전한 그리스도인이 되었다. 호리우치 목사를 비롯한 전도관 사람들은 그가 절에서 나왔다는 말을 진지하게 받아들였다. 그들은 오다 나라지의 인생에 하나님의 특별한 섭리가 있다고 확신했다. 그리고 그에게 신학교에 진학해 목사가 될 것을 권유했다. 오다 나라지는 당시 고베에 있던 고베성서학사神戶聖書學舍, 현재의 간사이성서신학교에 입학했다. 그는 그곳에서 2년 동안 공부했다. 그런데 그가 신학교에서 얻은 것은 신학적 지식이기보다는 오히려 깊고 풍성한 신앙과 기도의 훈련, 그리고 전도의 정신과 방법 같은 것들이었다.

오다 나라지는 졸업 후 자신의 진로를 놓고 진지하게 기도했다. 그때 오다 나라지는 함께 공부하고 있던 조선인 유학생에게서 조선에 대한 일본의 심각한 침략 행위와 죄상 및 식민지 지배의 실태를 듣게 된다. 오다 나라지는 그 모든 것을 듣고 커다란 충격에 빠지게 된다. 그때 오다 나라지의 마음에는 오직 한 가지 생각만 있었다.

'일본에서 가장 큰 문제는 조선인 문제다. 조선인 문제를 해결하는 것이 시급하다.'

오다 나라지는 곧 일본인 전도자로서 조선 땅에 건너가 조선인을 위해 일하기로 결심하게 된다. 이 당시 고베성서학사의 교장 사와무라澤村五郎, 1887-1977 목사는 조선인 전도에 사명감을 가지고 있었다. 그는 자신이 편집 발행하고 있던 「복음신문」福音新聞에 조선인 전도에 관한 글을 자주 싣고 있었다. 오다 나라지는 사와무라 목사의 글을 자주 읽었고 그를 통해 조선에 대해, 조선인의 상황에 대해 그리고 조선 전도의 필요와 방법에 대해 많은 것을 배울 수 있었다.

나를 위한 십자가

1928년 4월, 오다 나라지는 목포항에 도착했다. 조선의 상황은 그가 책이나 글 혹은 이야기를 통해 알았던 것과는 많이 달랐다. 그는 조선의 현실에 마주한 것이다. 경험이 미숙했던 스물두 살의 젊은 나이 오다 나라지는 조선 여기저기서 일본인에 대한 미움과 가득차 있는 반일 의식이라는 현실적인 벽에 부딪힌다.

오다 나라지는 전라도 광주에 있는 일본기독교회의 다나카 기이치田中義一 목사의 집에 잠시 머무르고 있었다. 조선인 전도에 불타오르고 있던 오다 나라지는 일본인 그리스도인들이 조선에서 조선 사람들에게는 전도하지 않고 자기들의 편리를 따라 일본인에게만 전도하고 있는 현실에 분개했다. 오다 나라지는 다나카 목사에게 그 이유를 물었다. 다나카 목사는 일본인이 조선인에게 전도하는 일이 얼마나 곤란한 일인지 차근차근 설명하기 시작했다.

"일본과 조선은 말하자면 적과 아군이라고 하는 긴장 관계, 명확하게 말하자면, 일본인은 정복자, 지배자이며 조선인은 피정복자라네. 일본인은 강도強盜이고 조선인은 피해자이지. 그대가 제아무리 선의나 성의를 가지고 말하더라도 그대는 강도 가운데 한 사람이

자 대적大敵의 한 사람으로밖에는 보이지 않을 것이네. 그런 그대가 조선인에게 죄를 회개하라고 말할 수 있을까. 조선인은 너희들이야말로 회개해야 할 것이라고 말하지 않을까... 가해자가 뻔뻔스럽게 피해자에게 사랑을 설교할 수 있을까... 일본인이 조선인에게 성서의 말씀을 이야기하더라도 그것은 정복자로서 사람들을 달래며 달콤한 말로 민심을 안정시키고 길들이는 것으로밖에 들리지 않을 것이네.”

오로지 조선인 전도를 목적으로 의기意氣를 다지며 조선 땅에 건너온 오다 나라지는 다나카 목사의 날카로운 대답에 충격을 받고 심각하게 고민했다. 결국 오다 나라지는 고뇌와 기도 가운데 보다 낮은 자세로 조선인에게 복음을 전하기로 했다. 일본인의 위치에서가 아니라 조선인의 위치에서, 아니 조선인보다 낮은 위치에서 예수 사랑을 전하는 것이었다. 그것이 옳은 것이었다. 그리고 '너희는 가서 만민에게 복음을 전파하라.'는 말씀을 받고 마침내 조선인 전도를 본격적으로 시작하게 된다. 그러나 그에게는 언어의 장벽이 남아 있었다.

그는 광주를 떠나 이십여 일을 걸어 경성에 도착했다. 그것은 마치 고행하는 수도자와 같은 모습이었다. 그는 기도하며 걸었고 걸으며 기도했다. 걷는 내내 조선의 산야를 눈과 마음에 익혔고 거기 사는 사람들의 삶을 빠짐없이 눈에 새겨두었다. 경성에 와서 한 일본인 교회에 머물면서 오다 나라지는 드디어 조선어를 열심히 익히기 시작했다. 그리고 곧 많은 일본인이 제 세상인 양 활개치던 경성을 떠났다. 거기서는 조선인을 섬기는 낮은 자세로 살아갈 수 없었다. 그래서 그

가 선택한 곳은 함경북도 관모산冠帽山. 장백산으로도 알려짐이었다. 오다 나라
지는 그곳 산간벽지에서 기도와 말씀묵상과 조선어 공부에 집중했다.
그리고 드디어 오다 나라지는 성진城津 등지 주변을 돌며 조선 사람들
앞에서 조선어로 설교하고 그들을 전도하기 시작했다. 함경도 산간벽
지 사람들은 순박했다. 그들은 처음 오다 나라지를 경계했으나 곧 그
의 주변으로 몰려들었다. 생각보다 많은 사람들이 그의 이야기를 경
청했고 그를 따라 기독교 신앙을 받아들였고 그의 조선인을 향한 헌
신을 받아들였다.

상황이 이렇게 되자 총독부 산하 지방 관리들이 그를 수상하게 보
기 시작했다. 그는 곧 스파이로 의혹을 받고 그가 전도하던 곳에서 추
방되었다. 그는 하는 수 없이 어느 탄광촌에 들어가 광부로 일했다. 탄
부로 사는 것은 쉽지 않았다. 그런 일을 해보지 않은 사람이 막장에 들
어가 탄을 캐고 나르는 일을 하는 것은 정말이지 힘겨운 것이었다. 오
다 나라지는 그 모든 어려운 시간을 보내면서도 한 가지를 잊지 않았
다. 조선 사람들에게 기독교 신앙을 전하고 그들을 섬기며 사는 것이
었다.

1931년에는 이런 일도 있었다. 오다 나라지는 여느때와 다름없이
함경도 무산茂山 지역에서 전도를 하고 있었다. 그런데 그런 그를 수상
하게 여긴 일본인 관리는 그가 혹시 조선 독립운동에 가담하고 있는
것은 아닌지 의혹을 받게 되었다. 그는 곧 일본경찰에게 체포되어 가
혹한 고문을 받았다. 일본인임에도 조선 땅에서 체포되어 심문을 당
하고 고문까지 당했다는 것은 흔치 않은 일이다. 어쨌든 오다 나라지
는 그 고통 가운데서도 예수 그리스도의 십자가 고난을 깊이 묵상했

오다 나라지는 말 그대로 목회자였다. 그는 조선인과 복음을 나누기 위해 조선의 성결교회가 운영하는 신학교에 입학하고 거기서 조선인을 위한 목사가 되었다.

다. 그는 고문 받는 가운데 이런 고백을 외쳤다.

"그리스도의 십자가야말로 나를 위해 죽어 주신 십자가다."

그는 고문 가운데 기쁨으로 이 깨달음을 외쳤다. 모진 고문이 이어지는 가운데 오다 나라지가 이런 말을 외치자 일본 경찰은 그를 이상하게 여기며 정신병자라 생각하여 그를 풀어주었다. 석방된 후에도 오다 나라지는 조선인들을 위한 전도활동을 계속 이어갔다. 그는 함경도 오지의 국경 지대를 돌며 전도를 지속한다.

조선인 교회에서 목사로

 그때까지 오다 나라지는 어떤 교파에도 속하지 않고 개인적으로 자유롭게 전도하고 있었다. 그러다 어느 순간 그는 조선에서는 교파에 소속되지 않으면 본격적인 전도가 어렵다는 것을 깨달았다. 1932년 오다 나라지는 일본성결교회와 신앙노선이 같은 조선성결교회에 가입하고, 오늘날 아현동으로 불리는 애오개에 위치한 경성성서학원京城聖書學院, 현재 서울신학대학교에 입학했다. 경성성서학원은 당시 서울에서 꽤 유명한 건물이었다. 오다 나라지는 전망 좋은 그 건물에서 공부하는 것을 좋아했다.

 조선성결교회는 일본성결교회와는 독립적인 별도의 교회지만 출발부터 일본성결교회로부터 영향을 많이 받았다. 조선의 젊은이 두 사람이 동경에 있던 동경성서학원에서 공부하고 돌아와 경성 중심지에 전도관을 연 것이 조선성결교회의 시작이었다. 성결교회는 다른 어떤 종파보다도 전도와 열정적인 신앙 활동에 깊이 관심을 기울이고 있었다. 이것은 오다 나라지가 공부한 고베성서학사의 전통과 맥을 같이 하는 것이었다. 오다 나라지는 그런 조선성결교회가 자기에게 어울린다고 생각했다. 그리고 조선인들에게 더욱 가까이 다가가기 위해 조선성결교회로 들어가기로 결단한 것이다. 오다 나라지는 경성성서학원에서 2년 동안 공부하는 과정에서 보다 수준있는 조선어 실력도 쌓게 되었다. 이때를 그는 이렇게 기록한다.

 "가장 정확하게 조선어로 노트에 기록했다."

경성성서학원을 졸업한 오다 나라지는 경성에서 조선성결교회의 목사로 안수를 받았다. 1935년, 7년 만에 일본으로 귀국한 오다 나라지는 나카다 주지中田重治 목사가 감독으로 있던 일본성결교회 기요메교회きよめ教会23의 연회年會에 참석하고 일본인으로서 조선인 전도를 하고 있는 유일한 사람이라고 소개 되었다. 일본인 그리스도인들은 한편으로 그를 대단하다고 여기기도 하고 다른 한편으로 그를 기이하게 여기기도 했다. 일본에 머무는 동안 그는 요네다 시게코米田重子와 혼례를 치르고 일본에서도 목사 안수를 받았다.

신사참배 문제와의 투쟁

일본정부는 식민지 지배를 받던 아시아 모든 국가에 자기들의 신사를 세웠다.24 그리고 그곳 사람들에게 신사 참배를 강요했다. 조선총독부가 신사참배를 전면에 내세운 것은 1919년 3·1독립운동 이후의 일이다. '내선일체'內鮮一體25를 목표로 삼은 총독부는 '황국신민화' 정책을

---

23) 1933년부터 일본성결교회는 나카다 주지 감독의 재림과 유대인에 대한 신학과 신앙의 인식 문제로 갈등이 일어나 나카타 감독파와 총회위원회파로 분열되어 대립이 지속된 끝에 1936년 10월 '화협분리(和協分離)'의 방식으로 나카다 측은 '기요메(きよめ)교회'로, 위원회 측은 '세이(聖)교회'로 정식 분리되었다.

24) 조선총독부는 내선일체와 황국신민화 시책에 따라 1915년 총독부령 제82호 〈신사사원규칙〉을 공포하고 조선 내에 신사 건립을 본격화했다. 1920년 경성 남산에서 기공식을 갖고 1925년에 완공한 조선신궁(朝鮮神宮)을 비롯해 1945년 일본의 패전 직전까지 조선 전국에 세워진 신사는 총 1,062사에 이른다. 일본의 황조신인 아마테라스 오미카미(天照大神)를 비롯한 천황들을 주신으로 하여 기타 신들이 합사되어 이들에 대한 참배가 강요되었다.

25) 일본 제국이 일제강점기 조선을 일본에 완전히 통합하고자 내세운 표어로 내지(內, 일본)와 조선(鮮)이 한 몸이라는 뜻을 담고 있다.

골자로 한 일본어 강제 교육, 창씨개명과 함께 신사참배를 중요한 시책으로 삼았다. 특히 1931년 이후 총독부는 신사참배를 일본 신민[臣民]임을 고백하는 표식으로 삼아 모든 조선인에게 강요하며 이를 거부하는 사람에 대해서는 가혹한 탄압을 가했다.

조선 그리스도인에게 신사참배란 견디기 어려운 고통이었으며 신앙의 시련이었다. 성서 신앙을 충실하게 지키고자 한 그리스도인에게 신사참배는 모세의 십계명에서 엄히 금하고 있는 우상 숭배의 죄를 범하는 것이었고, 많은 투옥자와 순교자를 냈다. 교회들이 문을 닫는 일도 비일비재했다. 이런 상황에서 일본의 교회 지도자들은 함께 투쟁하기커녕 신사참배는 국민의례라며 참배하도록 압력을 가했다.

1937년, 평양 소재 교회들의 초청으로 오다 나라지는 평양 숭실전문학교 강당에서 6천여 명의 회중 앞에서 신사참배에 관해 강연했다. 그는 대부분이 조선인인 청중들에게 일본 신사의 유래와 내력을 설명하며 조선을 침략한 도요토미 히데요시[豊臣秀吉, 1537-1598]를 제사하는 도요쿠니신사[豊國神社]를 조선 민족에게 참배시키는 것은 부당하고 터무니없다고 통렬하게 비판한 후, 다음과 같이 끝맺었다.

"최악의 죄는 하나님 외에 다른 것을 하나님으로 삼지 말라는 모세의 십계명 가운데 제1과 제2의 계명을 파괴하는 것이다."

강연이 끝나자 감격한 조선인 성도들은 큰 박수로 그의 강연에 화답했다. 청중들은 그를 헹가래 치며 감사를 표했다. 그런데 거기에는 조선인만 있었던 것은 아니었다. 오다 나라지는 모임 장소의 입구에 대기하고 있던 일본인 사복 경관들에게 둘러싸여 그대로 평양경찰서로 연행되었다. 그는 호되게 문책을 받고 일단 풀려났다. 그러나 오다 나라지는 이듬해 수원에서 다시 체포되어 5개월 동안 옥고를 치렀다. 일본인이 조선에서 신사참배를 반대하는 입장에 섰다가 옥고를 치른 것이다.

"일본의 융성을 위해서는 조선인을 모두 죽인다 해도 어쩔 수 없다."

오다 나라지 앞에서 호기롭게 공언하는 수원경찰서장에게 오다 나라지는 이렇게 말했다.

"조선인과 일본인 사이에 인간으로서 차이가 어디에 있습니까? 조선인을 인간으로 대우하지 않는 것이 일본인의 제일의 죄요!"

그는 서슬퍼런 경찰서장과 경찰들 앞에서 거세게 반론했다. 그 결과 그는 더 심한 고문을 받게 된다. 경찰은 밧줄로 천장에 매달아 소금물을 코에 붓는 등 고문을 가했다. 고문은 고통스러운 것이었다. 하지만 오다 나라지는 조선인을 향한 복음의 열망을 거두어들이지 않았다. 결국 오다 나라지는 조선인들에게 공공연하게 전도하지 말라는 경고를 받고 석방되었다. 경찰은 그 후 집요하게 오다 나라지를 따라다녔다. 이후 조선에서의 전도는 사실상 불가능하게 되었다.

오로지 한국인을 끝까지 섬기다

결국 오다 나라지는 1939년에 일본으로 귀국했다. 그때를 기회로 오다 나라지는 일본신학교日本神學校, 현재의 도쿄신학대학에서 다시 신학을 공부를 했다. 1941년 일본신학교를 졸업한 그는 재일조선인 교회인 미카와시마교회三河島教會에 부임한다. 놀라운 일이다. 그의 조선인을 향한 섬김의 마음은 무너지지 않았던 것이다. 조선의 일본 경찰과 관리들은 그에게 더 이상 조선인들에게 전도하거나 조선인들과 생활하지 말라고 했지만 그의 조선인을 향한 열정은 일본에서 더욱 활활 타올랐다.

1944년에는 미카와시마교회에서 오다 나라지 목사의 '조선인 전도 15주년 기념집회'가 열렸다. 이때는 태평양전쟁이 한창임에도 불구하고 많은 사람들이 축하하기 위해 달려왔다. 심지어 조선에서도 많은 축전이 왔다. 이 집회에서 오다 나라지 부부는 지난 수년간의 노고에 대한 보람을 느꼈다. 그리고 조선인들에 대한 자신들의 사랑이 더 깊어졌음을 확인했다.

오다 나라지 목사와 시게코 사모는 전쟁이 끝나서도 조선인들을 섬기는 일을 쉬지 않았다. 그들은 재일한국인 교회인 후쿠오카교회福岡教會에서 목회하며 한국으로 귀환하는 사람들을 돕는데 힘을 다했다. 이 시기에 그는 이름도 한국식으로 '전영복'田永福이라고 개명했다. 그후 오다 나라지는 재일한국인 교토교회京都教會에 청빙을 받아 20여 년간 목회했으며 은퇴 후에는 그 교회로부터 명예목사로 추대되었다. 그는 충실히 목회에 전념하는 한편, 수년에 걸쳐 재일대한기독교회의 서기와 회장을 역임하며 재일한국인 목회자들을 섬기는 일에도 최선을 다했다. 오다 나라지 목사는 노년이 되어서도 조선과 조선인들에 대한 사랑을 이어갔다.

1977년에는 그의 조선 전도 활동을 감동적으로 정리한 『지게꾼: 조선·한국인 전도의 기록』チゲックン―朝鮮·韓国人伝道の記録이 출판되었다. 이 책을 통해 조선인 전도에 헌신해 온 오다 나라지의 생애가 널리 소개되어 커다란 반향을 불러일으켰다. 이 책을 통해 식민지 시절 조선을 사랑하고 조선인을 위해 복음으로 헌신했던 많은 사람들의 삶이 일본인들, 특히 일본 기독교인들 사이에 널리 퍼지게 되었다.

그렇게 신실하게 평생을 살아오던 오다 나라지는 1980년 감사와 영광 가운데 조선인을 사랑하는 마음을 품은 채 하나님의 품에 안겼다. 그가 세상을 떠난 1980년 당시 필자는 미국 유학 중이었다. 시카고 외곽에서 만난 어느 한국인 그리스도인 청년은 이전에 시카고에서 오다 나라지 목사의 이야기를 들을 수 있는 기회가 있었다. 그때 그는 이 정도까지 한국인을 사랑하며 한국인을 섬긴 일본인이 있었다는 것에 대해 감동했다고 한다. 그리고 그리스도인의 참 믿음에 기반한 사랑에는 국경도 그 어떤 한계도 없다는 것을 깊이 깨닫게 되었다.

1980년 9월 교토교회에서 치른 오다 나라지의 장례식장을 가득 채운 참석자들은 오로지 한국인을 끝까지 섬긴 오다 나라지를 천국으로 환송했다. 그의 묘비에는 다음과 같은 묘비명이 새겨져 있다.

"영광은 하나님께 있으라! 하나님은 조선 민족의 구원을 위해 오다 나라지(전영복) 목사를 선택해 주셨다. 사명을 받아 그는 하나님의

사랑과 그리스도의 인내로 민족을 사랑하여 모든 곤란을 극복하며
전도의 생애를 완수하였노라."

마음으로 잇다
07

조선인 전도에 일생을 바친 참 선교사

사도행전 18장 6절
그들이 대적하여 비방하거늘 바울이 옷을 털면서 이르되
너희 피가 너희 머리로 돌아갈 것이요 나는 깨끗하니라
이 후에는 이방인에게로 가리라 하고

오다 나라지 목사는 처음 조선에 와서 조선어를 배우고 조선 사람들에게 복음을 전하기 시작할 때 많은 사람들에게 "선생님, 제발 노리마쓰 선생처럼 전도해 주십시오."라는 말을 들었다. 노리마쓰 마사야스는 그보다 앞서 조선에 와서 조선을 위해 복음을 위해 살다 간 사람이었다. 결론부터 말하자면 오다 나라지 역시 노리마쓰 마사야스의 길을 걸었다. 아니 오다 나라지 목사는 노리마쓰 마사야스가 살았던 삶보다 더 깊이 조선인들의 삶의 자리로 들어왔다. 그는 오랜 기간 조선인들의 변방, 함경도 산천을 다니며 조선 사람들에게 복음을 전했고 이후에는 조선의 성결교회에서 목회자로 살았다. 그는 조선인의 목회자였다. 그의 조선인 목회는 전쟁이 끝난 뒤에도 이어진다. 그는 평생을 그렇게 복음을 위해 그리고 조선인을 위해 살았다.

오다 나라지 목사는 소위 색깔론에 빠진 한국 그리스도인들이 어떤 믿음의 자세를 가져야 하는지에 관해 좋은 본보기가 될 것이다. 그는 일본인이었음에도 신사참배를 거부했고, 신사참배로 갈등하는 조선 그리스도인들의 상황을 안타까워하며 신사참배를 반대하는 진영에 합류했다. 덕분에 그는 경찰서로 연행되었고 5개월의 옥고를 그리고 모진 고문을 치렀다. 오다 나라지 목사는 일본인이었으나 애국을 초월하여 하나님의 사랑과 공의를 택했다. 그는 일본인이기 전에 애국이 우선인지, 아니면 믿음이 우선인지를 명확하게 보여준 우리의 믿음의 선배였다. 오늘 우리 역시 애국을 넘어서 애국주의로 기우는 일은 없어야 한다. 그것이야말로 우리가 신사참배를 넘어서고자 했던 오다 나라지 목사에게서 바른 교훈을 얻는 길이다.

바울은 고린도를 지나면서 그가 이방인을 위한 사도가 되었음을 선언한다. 그는 고린도 상황을 넘어서면서 "이후에는 이방인에게로 가리라"고 담대하게 외쳤다. 바울의 선택은 그가 유대인으로서 유대인들에게 박해를 당할 수 있음을 암시하는 것이었다. 그러나 그는 그것을 개의치 않았다. 그에게는 이방인에게 복음을 전하는 일이 무엇보다 중요했다. 오다 나라지 목사의 길 역시 바울을 닮았다. 그 역시 조선인에게 나아가고자 스스로 일본인으로서 특권과 편의를 모두 내려놓았다. 그리고 그로 인해 주어지는 모든 어려움을 불편해 하지 않고 오직 조선인에게 복음을 전하고 조선인을 섬기는 일에만 매진했다. 오다 나라지는 일본인이기 전에 진정한 그리스도인이다. 오늘 한국인 그리스도인조차 배워야 하는 진정한 그리스도인이다.

제8장

사와 마사히코

속죄적 구도자로 산 그리스도인

澤正彦, 1939-1989

사와 마사히코(澤正彦, 1939-1989)와 김영 사모

그리스도인이 자기를 내려놓는 일은 어느 정도까지 가능한 것일까? 예수 그리스도는 그리고 그를 따랐던 베드로를 비롯한 바울 등의 많은 사도와 제자들은 죽기까지 자기를 내어주고 자기를 내려놓아야 한다고 가르친다. 그렇게 하는 것이 누군가를 살리는 길이고 회복시키는 일이며, 그 역시 하나님의 은혜를 누리게 되는 첩경이다. 예수 그리스도는 그래서 "누구든지 나를 따르려거든 자기를 부인하고 자기 십자가를 지고 나를 따라야 한다"고 말한다. 이것이야 말로 모든 그리스도인이 따라야 하는 시금석이요 지표이다.

그러나 자기를 온전히 내려놓고 오직 타인을 위해 살아가는 일이 진정 가능한가. 무수히 많은 그리스도인이 그 마음 가운데 예수를 영접하고 십자가의 도리로 살기로 결단했음에도 이 질문을 거두지 못한다. 그리고 그들에게 모범이 될만한 현실적인 사례들을 요구한다. 그들은 그 믿음으로 살았고 그 믿음으로 세운 신념으로 살아간 사람들의 실질적인 증거를 요구한다. 전쟁이 끝나고 난 뒤 한국으로 와서 한국과 한국인을 위해 수고하고 헌신한 한 사람, 사와 마사히코澤正彦는 그 대표적인 사례일 것이다. 그는 한국과 일본 사이 국교가 재수립된 이후 한국으로 왔다. 그리고 한국과 한국인을 위해 수고하고 헌신했다.

그가 한국인을 위해 수고한 삶과 사역은 각별하다. 그는 민주화의 열망이 가득하던 시절에 군사정권의 불의에 항거해 싸운 한국인들과 함께 했다. 그들을 도왔고 때로 그들과 대열을 함께 하기도 했다. 그는 그것이 한국을 위하는 것이고 한국인을 위하는 것이라고 여겼다. 그는 그가 그렇게 하는 것이 한국을 위해 부름 받은 책임과 사죄의 사명을 다하는 것이라고 여겼다. 그가 신념으로 굳건하게 품은 일들 때문에 그는 한국에서 추방되었다. 그러나 그는 한국을 미워하지 않고 오히려 한국과 한국교회, 한국인들에게 도움이 되고 의미가 될만한 일들을 위해 더욱 적극적으로 헌신했다.

그는 어느 날 질곡의 한국 역사에 대해 듣고 곧 일어서 평생 '속죄적 구도자'贖罪的 求道者로 살았다. 그는 평생 자신을 그저 일본인이라고 여기지 않았다. 그는 자신을 한국과 한국인에게 사죄하는 마음으로 책임을 다해야할 일본인 사와 마사히코라고 여겼다. 그를 아는 한국인들은 "일본인은 싫지만 사와 마사히코는 좋다"라고 입을 모았다. 사와 마사히코는 그런 그들의 말을 좋아했다. 그렇게라도 길이 열리고 다

리가 놓아지면 언젠가 한국과 일본 사이 그리스도 안에서 참된 평화
가 맺어질 것이기 때문이다.

신실한 기독교 신앙과 접하다

사와 마사히코는 중일 전쟁이 진행되던 1939년 오이타현大分縣에서
태어났다. 그는 후에 도쿄대학 법학부로 진학하게 되는데 그곳에서
그리스도인이 되었다. 그 후 사와 마사히코는 우연한 기회에 그리스
도교공조회キリスト教共助會[26] 사람들과 교제하게 되었다. 거기 신실한 그
리스도인들과 교제하는 가운데 사와 마사히코는 보다 깊고 진지한 신
앙의 길에 들어서게 되었으며, 보다 신실하게 그리스도를 따르기 위
해 도쿄대학 졸업 후 도쿄신학대학東京神學大學에 진학한다. 사와는 도쿄
신학대학 재학 중 식민 통치하의 조선에 일본과 일본 교회가 저질렀
던 일을 알게 되고 그 문제에 대해 진지하게 고민하기 시작했다. 한 번
은 도쿄 시내의 한 한인교회를 방문할 기회가 있었는데 거기서 식민
지 시절 일본인들이 조선인들에게 벌인 일들에 대한 이야기를 듣게
되었다. 그는 식민지 시절 일본인들이 조선인들에게 했던 온갖 불의한
일들이 역사적 사실이라는 것, 그리고 지금까지도 일본인들이 조선인
들에 대해 갖는 그릇된 생각에 대해 깊이 깨닫게 되었다.

---

26) 1919년에 모리 아키라(森明, 1888-1925. 나카시부야(中澁谷)일본기독전도교회 설립·목회) 목사가
대학생·고등학생 전도를 위해 창립한 '제국대학·고등학교학생그리스도교공조회'로 전후(戰後)에
'그리스도교공공조회'로 부르고 있다.

1965년, 재일대한기독교회의 이인하[李二夏, 1925-2008] 목사[27]가 도쿄신학대학에 초대받아 예배에서 설교하며 청중에게 질문을 던졌다.

"한국을 식민지화하여 고통을 준 일본인이 지금도 재일한국인을 차
별하고 있다. 한국을 사랑하고 선한 이웃이 되고자 하는 사람이 없
는 것일까?"

이 질문에 사와 마사히코는 번개를 맞은 듯 충격과 자극을 받았다. 이인하 목사의 한마디는 그가 한국에 대한 책임 문제에 관해 실질적인 실천의 노력이 필요하다는 것에 눈 뜨게 된 계기였다.

이후 사와 마사히코는 도쿄신학대학 대학원에 적을 둔 채, 한국의 연세대학교 연합신학대학원에서 유학한다. 일본의 패전과 해방후 최초로 한국으로 온 일본인 유학생이었다. 사와 마사히코가 유학하기 바로 전인 1965년 6월 한국과 일본은 '한일기본조약'[韓日基本條約]으로 국교를 정상화했다. 국교가 정상화되었다고 하지만 한국에는 여전히 반일 감정이 지배적이었다. 일본인들에 대한 뿌리 깊은 불신과 미움 그리고 증오가 사회 전반에 만연했다. 그런 상황에서 사와 마사히코는 한국행을 결심한 것이다. 연세대학교 연합신학대학원에 입학한 사와 마사히코는 일단 열심히 한글을 배우는 가운데 한국인들의 마음을 이

---

27) 경상북도 구미에서 태어나 1941년 홀로 일본에 건너가 교토(京都)에서 공부한 후 도쿄기독교신학
전문학교(도쿄신학대학 전신)에서 공부했다. 캐나다 유학 후 1959년 가나가와(神奈川)현 가와사
키(川崎)시에 교회를 개척하여 목회하며 1970년대부터 본격적으로 재일한인 및 재일외국인을 위
한 인권운동 및 사회복지활동에 앞장섰다. 재일대한기독교회총회(1974-1976), 일본기독교협의회
(1982-1985), 외국인시민대표자회의(1997) 등에서 의장을 역임하기도 했다. '한국의 가가와 도요
히코'라 불린다.

사와 마사히코가 가르친 서울 수유리 한신대학교. 사와 마사히코는 이곳에서 한국인들이 더 나은 세상으로 나아가기 위해 몸부림치는 것을 보았고 그것에 감동했다.

해하기 위해 애썼다. 그리고 동시에 한일간 교회의 대화를 지향하는 마음으로 먼저 한국교회사를 연구하기 시작했다.

한국교회사를 공부하던 사와 마사히코는 한국교회가 시작하게 된 이야기에서 이미 한국교회와 일본교회 사이 끊어낼 수 없는 고리를 발견하게 된다. 그리고 한국의 근대사와 현대사에서 일본이 끼친 다양한 영향과 그로 인한 온갖 부정적인 결과들에 대해 가슴 아파했다.

"한국이 지금 겪고 있는 모든 아픔에는 일본의 책임이 있었다. 일본은 그 모든 것에 대해 책임을 통감하고 사과를 해야 한다. 그리고 일본교회는 한국교회와 더불어 두 나라 사이 화해와 치유를 위해 노력해야 한다."

이런 생각들은 사와 마사히코의 이후 그리스도인으로서 삶과 사역에 지대한 영향을 끼쳤다. 그는 결국 한글로 성실하게 석사논문을 쓰고 연세대학교 연합신학대학원을 졸업했다.

한국인 여성과 결혼하다

연세대학교에서 공부하던 중 사와 마사히코는 같은 대학에서 공부하고 있던 김영을 만나게 된다. 그녀의 부친은 김소운金素雲, 1907-1981이라는 시인으로 수많은 한국 문학 작품을 일본어로 번역하여 한일 문화교류에 커다란 공적을 세운 사람이었다. 그녀는 참으로 매력적인 여성이었다. 사와는 그녀와 만남을 이어가다 어느 날 그녀에게 청혼했다. 김영은 일본 패전과 해방 후에 태어난 세대였다. 그녀는 어렸을 때부터 부모세대로부터 반일감정을 몸에 익혀왔다. 학교나 사회 역시그녀 세대들에게 철저한 반일정신을 가르쳤다. 머릿속에 온통 '반일'反日이 가득한 김영은 일본인에게 청혼을 받자 커다란 충격을 받았다. 그녀의 말에 의하면, "일본인과 결혼하는 것은 생각할 수 없는 일이었고 국가를 배신하는 느낌마저 들었다"고 한다.

그녀의 부친도 딸과 사와 마사히코와의 결혼에 대해 걱정을 앞세우며 반대했다. 부친인 김소운은 이렇게 말했다고 한다.

"불행한 역사를 짊어진 한국과 일본의 좁은 틈바구니에서 사는 것
은 다른 사람들은 지불하지 않는 '여분의 세금'을 일생 동안 지불

하지 않으면 안 되는 고생을 짊어지는 일이 될 것이다."

　사실 김소운 부부의 반대는 거셌다. 이것은 그들의 경험에서 나온 염려였다. 당대 한국사회에서 일본이나 일본인은 일종의 금기어와 같은 것이었다. 일본이나 일본인은 가까이하지 말아야 할 상대였다. 해방된지 70여 년이 다 되어가는 지금도 한국사회에는 소위 '반일감정'이라는 것이 유전자처럼 남아있다. 지금도 한국에서는 '친일'親日 혹은 '지일'知日 조차도 명암을 내밀기 어렵다. 지금도 이 정도인데 이제 막 한일 사이 형식적인 외교관계가 재개된 1960년대는 어떠했겠는가? 그런데 그런 일본인을 그냥 알고 지내는 사이로 허락하는 것도 아니고 사위로 받아들이는 것은 결코 받아들일 수 없는 문제였다. 그러나 사와 마사히코는 열의를 가지고 김영과 그 부모를 설득했다. 그는 김영과 그리고 그 부모와 함께 꾸준히 대화했고 자신이 앞으로 일본사회와 교회에서 하고자 하는 일들을 설명했다. 무엇보다 사와 마사히코는 김영을 지극히 사랑했다. 먼저 김영이 사와 마사히코의 진실된 마음을 받아들였다. 그리고 그 부모 역시 사와 마사히코의 진실어린 마음과 한일 사이 다리가 되고자 헌신하는 미래를 받아들이게 된다. 그렇게 사와 마사히코는 김영과 결혼에 이르게 된다.

　한국에서 결혼한 후 사와 마사히코는 부인과 함께 일본으로 돌아간다. 일본으로 돌아간 사와 마사히코는 당장 다 마치지 못한 도쿄신학대학의 학업을 끝내고 졸업한다. 그리고 일본교단에서 목사로 안수받는다. 일단 목사가 된 사와 마사히코는 교회를 중심으로 하는 사역을 통해 한국인들을 향한 책임과 사죄의 사역을 하기로 마음 먹었다. 그

사와 마사히코가 지은 일본 기독교사의 한국어 번역본. 그는 일본과 한국, 그리고 북한의 근대 역사에서 기독교가 어떤 역할을 해왔는지에 대해 관심이 많았고 많은 연구 업적을 남겼다.

가 처음 부임하게 된 곳은 재일한국인이 많은 가와사키시川崎市에 있는 일본기독교단 사쿠라모토교회櫻本敎會였다. 그는 이 교회에서 3년간 부목사로 봉사한다. 사와 마사히코와 김영 부부는 당장에 일본인 그리스도인들을 위한 목회사역에도 열심이었지만 그 교회가 위치한 주변의 한국인들과 교류하고 교제하는 일에도 관심을 기울였다.

그의 이런 사역은 일본 교회로 하여금 그를 한국인들을 위한 사역자로 세우도록 하는 계기가 되었다. 일본 교회는 그가 벌이는 한국인들을 향한 책임과 속죄의 사역이 가치있는 일이라고 여기게 되었다. 그리고 그가 그 일에 더욱 매진할 수 있도록 지지하고 지원했다. 그렇게 사와 부부는 마침내 한국을 향한 일본 교회의 책임과 속죄 사역을 위해 일본교회로부터 선교사로 세움을 받게 된다. 1973년 사와 부부는 일본기독교단과 한국의 세 교단의 선교 협약에 의해 전후 일본인으로서는 첫 선교사로 한국에 건너와 사역하게 된다.

속죄적 구도

사와 마사히코는 한국신학대학현 한신대학교에서 가르치면서 한국기독교장로회 송암교회松岩敎會의 협력목사로 봉사한다. 당시 한국은 군사독재정권 시대였다. 사와 마사히코가 사역했던 송암교회와 한국신학대학은 그때 한국사회 민주화 운동의 거점이었다. 사와 마사히코는 해방후 한국사회의 과제가 민주화라는 젊은이들의 주장에 공감했다. 그래서 그 스스로도 시위운동에 참여하기도 하고 동료들이 재판받는 법정을 방문해 재판받는 동료들을 지지하기도 했다.

사와 마사히코는 한국에서 봉사하는 가운데 한결같이 지향했던 한 가지가 있었다. 그의 말에 의하면 그것은 "속죄적 구도"贖罪的 求道였다. 그는 이 지향점을 단 한 순간도 잊은 적이 없다. 그가 말하는 속죄적 구도는 '예수 그리스도의 속죄 사역에 참여하며 스스로 그리스도와 함께 구체적으로 이웃과의 사이에서 화해의 길을 구하는 일'이었다. 그에게 이웃이란 다름 아닌 식민지 시절의 조선인이며 해방후의 한국인이었다. 그것은 '전전戰前과 전후戰後에 걸쳐 이루 헤아릴 수 없는 죄를 범한 일본인으로서 그리고 죄인으로서 용서를 구하며 그리스도 안에 있는 십자가의 화해를 현실적으로 구하는 염원이 어린 삶'이었다. 그것은 구체적으로는 일본인으로서 주어진 위치와 특권이 있다면 그것을 버리는 것, 한결같이 겸손한 마음으로 한국인의 이웃이 되어 한국 민족과 함께 걷는 것이었다. 사와 마사히코는 아내 김영과 더불어 이 '속죄적 구도'를 위해 그의 평생을 수고했고 헌신했다. 그는 마음으로부터 한국을 사랑했다. 그래서 한국어를 열심히 공부하고 한국인이 이해할 만큼 언어를 구사하려 애썼고, 한국 문화와 한국인의 정신을 근본부터 이해하고자 힘을 다했다.

사와 마사히코가 한국인을 위해 겸손하게 헌신하는 것만큼이나 중

요하게 여기는 것이 있었다. 바로 일본에 한국을 소개하는 일이었다. 그는 한국의 역사와 교회 그리고 한국인들의 신앙을 일본인들과 일본 교회에 소개하는 일에도 헌신적이었다. 그 결과 가운데 하나는 『한국 기독교사』韓國基督教史를 일본어로 번역해 출판한 것이었고, 『오직 하나님의 영광만: 순교자 주기철 목사전』神の栄光のみ: 殉教者朱基徹牧師伝이라는 책을 일본어로 번역해 출판하는 것이었다.

사와 마사히코는 지극히 헌신적인 사람이었다. 한국에서 선교사로 사역하던 사와 마사히코는 한국인을 섬기는 일과 일본에 한국을 알리는 일 외에도 보다 확장된 사역이 필요하다는 것을 깨닫게 되었다. 그의 관심은 곧 한국의 교회를 넘어서게 된다. 그는 북한 선교에도 큰 관심과 사명감을 갖게 되었다. 그리고 '북한의 종교 정책과 기독교'라는 우수한 논문을 발표했다. 당시 한국에서 북한 연구는 비난 일변도의 시각에서 이루어지는 것이었기에 그의 논문발표는 획기적인 것이었다. 그에게 속죄적 구도는 남한과 남한의 사람들만을 위한 것이 아니었다. 그에게는 북한 땅의 '조선인'들도 그의 속죄적 구도의 대상이어야 했다. 북한에 대한 연구는 사와 마사히코 스스로를 크게 고무시켰다. 결국 사와 마사히코는 북한의 기독교 사정을 연구하기 위해 미국 프린스턴신학교에서 유학했다.

갑작스런 귀국

2년간의 미국 유학 후 사와 마사히코는 1979년에 가족과 함께 다시 한국으로 부임한다. 1979년 한국은 여전히 군사정권 아래 있었고 사회 곳곳에서 군사정권의 강권 정치를 비판하는 민주화 운동이 벌어지고 있었다. 정부는 국민의 민주화의 열망을 철저히 탄압하고 있었다. 당연히 사와 마사히코는 민주화 운동에 깊이 개입했고 관여했다. 한국 사회가 민주적으로 발전하는 일에 일조하는 것은 그가 생각하는 '속죄적 구도'의 중요한 일부였다. 그는 기도하는 가운데 늘 한국사회가 보다 나은 사회로 나아가기를 바랐다.

그러나 1979년의 한국사회는 엄혹했다. 군사정권의 철권통치는 점점 극악으로 치달아가고 있었다. 많은 민주인사들이 체포되고 투옥되었다. 군사정권은 그들과 함께 활동하는 사와 마사히코도 주목하기 시작했다. 그리고 그를 한국사회로부터 추방하려는 시도를 벌였다. 다시 부임한 직후인 1979년 10월 사와 가족은 한국 정부의 '출국명령'을 받았다. 사와 마사히코의 일본 귀국은 피할 수 없는 일이 되었다.

사와 마사히코의 추방명령에는 살펴야할 배경 이야기가 있다. 당시 이와나미서점岩波書店, 일본의 진보적인 출판사이며 군사정권 시절 한국 민주화 운동을 지원했다·역자주 이 발간하는 월간지 「세카이」世界에는 '한국으로부터의 통신'이란 글이 'T·K생'生이라는 필명으로 게재되고 있었다. 이 연재물은 한국의 군사정권하의 사회 현실과 민주화 운동을 매달 대담하고 생생하게 보고하고 있었으며 일본뿐 아니라 전 세계로 번역되어 보도되고 있었다. 군사정권은 그 집필자로 사와를 의심했다. 그리고 그를 외국인 블랙리스트에 올려 두고 있었다. 사와 마사히코는 이런 이유로 출국명령을 받게 된 것이다.

그러나 실제로 이 통신을 집필하고 있었던 사람은 당시 일본의 대학에서 교편을 잡고 있던 한국인 지명관池明觀, 1924- 교수[28]였다. 그 사실은 2003년 지명관 교수 스스로의 기자회견을 통해 밝혀졌다.

사와 마사히코가 출국 명령을 받은 이유는 직접적인 이유는 따로 있었다. 송암교회에서 그가 했던 한 설교 때문이었다. 그때 한 사회운동가가 반정부 활동을 한 혐의로 체포되어 재판을 받고 있었다. 그녀의 재판을 방청하고 있던 사와 마사히코는 그것이 부당하다고 여기며 교회에서 설교하는 가운데 "그녀는 좌파 운동가라기보다는 가난한 노동자들의 친구로서 일한 참된 그리스도인이다"라고 말했다. 그는 한국의 민주화 운동을 바랐고 그것을 지지했다. 그는 목사로서 두려움 없이 한국 정부의 문제를 비판했고 그것은 결국 그와 가족의 추방의 직접적인 이유가 되었다. 그렇게 일본 귀국길에 나서게 된 사와 가족을 배웅하기 위해 송암교회 학생들은 김포공항까지 마중을 나왔다. 그때 학생들은 'We Love SAWA!'라고 쓰인 플래카드를 내걸고 그와의 이별을 안타까워했다.

사와 마사히코는 일본으로 돌아온 후 1982년에 그때까지 연구한 자료를 정리해 『남북한기독교사론』南北韓基督教史論을 출판했다. 이 책은 유례가 없는 것이었다. 책은 북한의 기독교 사정을 포함하고 있었으며, 사와 마사히코 자신과 한국과의 관계에 근거하여 남북한 기독교

---

28) 평안북도 정주에서 태어나 1947년 월남하여 서울대학교 종교학과를 졸업한 후 덕성여자대학교 교수와 《사상계》의 주간으로 활동했고, 1967년부터 2년간 미국 뉴욕의 유니온신학교에서 유학 후 활동을 이어가다 1972년 일본으로 건너가 도쿄여자대학에서 1993년까지 교수로 재직하면서 유신체제를 시작한 한국의 군사 정권에 항거하여 한국의 반독재민주화운동을 지원했다. 20년간의 망명생활을 마치고 1993년 귀국해 한림대 학교 석좌교수, 일본학연구소 소장, 한일문화교류회 위원장 등을 맡아 활동했다. 현재 미국에 머물고 있다.

를 바라본 귀중한 연구서이다. 또한 그가 한국신학대학에서 했던 일본 기독교사 강의는 나중에 『일본 기독교사』日本基督教史라는 제목으로 출판되기도 했다. 이 책은 일본인이 한글로 쓰고 한국에서 출판한 유일한 일본 기독교 역사서로 지금도 한국과 일본 교회의 상호 이해와 교류를 위해 사용되고 있다.

사와 마사히코는 일본에 돌아와서도 쉬지 않았다. 그는 깊이 있고 동시에 열정적인 기독교인이었다. 그는 도쿄 에도가와구江戸川區에 있는 고이와교회小岩教會에서 목회하면서 1982년부터 수년에 걸쳐 소위 '일요일 소송'을 제기했다. 소송은 큰딸 도모에知惠와 작은딸 마사에正惠가 다니던 에도가와구립 고이와소학교小岩小學校의 일요일 수업 참관 시간과 주일학교 어린이 예배 시간이 겹치면서 발단이 되었다. 사와 마사히코는 한편으로 주일학교 예배 시간을 조정하여 먼저 예배를 드리고 수업에 참관하도록 아이들을 지도하면서 2년여에 걸쳐 학교 측에 시간 변경 및 지각, 결석 처리를 취소할 것을 설득했다. 그러나 학교 측은 묵묵부답으로 일관하며 학생생활기록부에 그리스도인 자녀들에게 불리한 기록을 남겼다.

마침내 사와 마사히코는 지지자들과 함께 예배를 준수하는 거룩한 날이어야 할 일요일에 학교 행사를 실시하는 고이와소학교와 에도가와구와 도쿄도를 상대로 교회의 교육권을 내걸고 재판 투쟁에 나섰다. 결과부터 미리 말하자면 재판은 패소로 종료되었다. 그러나 이것은 그가 한국 그리스도인들에게서 배우고 경험한 것을 그대로 일본 사회에 적용한 것이었다. 그는 한국교회와 성도들이 주일을 성수하는 일과 불의한 권력과 투쟁을 벌이는 모습을 그대로 본받아 일본의 교

사와 마사히코와 김영의 딸 사와 도모에는 현재 활동하고 있는 가수다. 그녀는 부모의 나라들이 근대 역사에서 겪은 일들을 토대로 노래하며 두 나라 사이에 다리가 되고 있다.

회에서도 그것을 실천한 것이었다.

그리스도 만세!

사와 마사히코는 1989년 3월 쉰한 살의 생일을 한 달 앞두고 하늘의 부름을 받았다. 암으로 인한 죽음이었다. 그때 사와 마사히코는 일생의 작업이라고도 할 만한 『한국기독교사』韓國基督敎史를 집필하는 중이었고, 새로운 교회로 부임하기 직전이었다. 한마디로 안타까운 죽음이었다. 암 선고를 받고 투병 생활을 하면서 사와 마사히코는 부인과 두 딸, 그리고 지인들과 더불어 꾸준히 서신을 교환했다. 그 편지들에는 그의 한국과 한국인을 향한 여전한 갈망이 담겨 있다. 그가 투병 중

에 나눈 서신과 일기는 그가 세상을 떠난 후에 출판된 『약할 때일수록: 암재발을 선고받은 부부의 일기』弱き時にこそ: 癌を告知された夫婦の日記에 매우 감동적으로 소개되어 있다.

병상에서 늘 반복해 왔고, 그리고 임종 전에조차 사와 마사히코가 남긴 마지막 말은 "그리스도 만세!"였다. 일생을 걸고 한국과 일본 사이에 다리가 되기를 염원했던 그의 삶은 지금도 많은 한국인과 일본인의 마음 속 깊이 귀중한 교훈으로 남아 있다. 그의 부인 김영은 이후 제네바의 세계교회협의회World Church Council에서 스태프로 일하는가 하면 일본기독교단의 목사로 사역하기도 했다. 그녀는 지금도 『치마저고리의 일본인』チマ·チョゴリの日本人, 『치마저고리의 크리스천』チマ·チョゴリのクリスチャン 등 많은 저작을 발표하고 있다. 큰딸 도모에는 유명한 싱어송라이터로 활약하고 있다. 그녀는 1998년 한국이 일본 대중문화개방 선언하자 곧 일본 국적을 가진 가수로서 처음으로 한국 정부의 공식 허가를 얻어 어머니의 나라에서 일본어로 노래했다. 그녀는 같은 해에 제40회 일본 레코드 대상 아시아 음악상을 수상했다.

도모에는 이렇게 말하고 있다.

"아버지는 많은 사람에게 바통을 넘겼습니다. 저도 그 한 사람입니다."

한국과 일본 사이에서 가교가 되기를 바라며 진지하게 살았던 사와 마사히코의 유지는 그의 가족을 비롯하여 많은 이들에게 착실히 계승되고 있다. 그의 딸 도모에는 아버지의 삶을 노래로 만들었다. 그 노래의 한 구절은 다음과 같다.

세상에는 눈에 보이지 않는 선이 많이 있어

온갖 것들을 다 나누고 있네

사랑과 미움, 남과 북, 남자와 여자, 당신과 나,

일본과 한국, 어른과 어린이, 부자와 가난뱅이, 삶과 죽음

그 선은 바깥에 있는 것이 아니라

사실은 우리들 마음속에 있는 것이 아닐까?

그 선은 바로 나, 그 선은 바로 당신"

-1996년에 도모에가 영어와 한글로 쓰고 작곡해
 부른 노래 '더 라인(선, The Line)

마음으로 잇다
08

나를 버리고 그들을 위해

김덕진 목사
토비아선교회 대표
샬롬교회 사역목사

갈라디아 2장 20절
내가 그리스도와 함께 십자가에 못 박혔나니 그런즉
이제는 내가 사는 것이 아니요
오직 내 안에 그리스도께서 사시는 것이라
이제 내가 육체 가운데 사는 것은 나를 사랑하사
나를 위하여 자기 자신을 버리신 하나님의 아들을 믿는
믿음 안에서 사는 것이라

　어느 한 순간 역사속 조선인들의 삶을 접하고서 그들과 그들의 후손인 한국인들을 위해 수고하고 헌신하기로 결단한 한 사람, 사와 마사히코의 이야기를 보자면 다메섹으로 가는 길에서 예수를 알게 되고 그분을 통해 이방인들에게 복음을 전할 일의 중요성을 알게 된 바울의 이야기가 떠오른다. 바울은 이후 평생을 자신을 위해서도 아니요 유대인을 위해서도 아닌 오직 이방인을 위해, 그들이 예수 그리스도를 알고 온전한 삶을 살게 되기를 바라는 마음으로 살았다. 바울은 스스로 이방인을 위해 살기로 결단한 후 무수한 고난과 박해를 경험했고 무수히 많은 도시와 나라들로부터 추방을 당했다. 바울의 그 헌신과 수고는 고스란히 사와 마사히코의 삶이 되었다. 그 역시 한국과 한국인을 위해 수고하기로 한 이래 평생 고난을 지고 산 것이다.

자기를 내려놓고 자기를 부인하여 그리스도의 뜻을 실현하는 것은 모든 그리스도인에게 주어진 귀중한 사명이요 책임이다. 신실한 주님의 종들에게는 끝없이 자기를 부인하며 십자가를 바라보는 삶이 요구된다. 그러나 나의 나 됨을 내려둔다는 것은 쉬운 일이 아니다. 그 '나됨'이 역사와 정치, 문화 등 수많은 요소들로 얽혀 공고해져 있을수록 포기하기 어려운 대상이 된다. 그러하기에, 사와 마사히코의 구도자적 삶과 학자적 양심을 묵상하노라면 진실된 주님의 제자들이 이 땅에 전할 수 있는 은혜의 빛을 보게 된다. 주님의 빛이 이 세상에 만연한 어둠을 밝히도록, 역사에 깊이 새겨진 범죄와 또한 당대에 벌어지고 있던 정치적 억압에 선지자적 목소리를 내며 언행 합일로써 나아간 그의 삶은 숭고한 귀감이 된다.

사와 마사히코의 삶은 과거사적 갈등 혹은 아픔을 어떻게, 누가 먼저 선제적으로 해결할 것인가의 문제를 넘어서, 모든 기독인들의 삶의 모범이다. 그의 '사죄적 구도'는 우리가 잊고 사는 사역의 본질을 다시 일깨운다. 교회와 교계가 세상의 빛이 되지 못하는 아픔의 시대, 우리도 사와 마사히코 목사님과 같이 십자가에 나를 못박음으로 살아계신 주님을 세상이 보게 해야 한다. 그래서 그들이 그리스도의 은혜로 온전하여 참으로 자유한 삶을 살도록 이끌어야 한다. 한국과 한국인을 위해 수고한 사와 마사히코 목사님의 삶을 바라보며 부름 받은 땅에서 그 사람들에게 복음을 전하는 일의 참된 길과 도리를 깨닫는다. 우리 시대가 사와 마사히코 목사님과 같이 부름받은 그리스도인들의 헌신으로 신앙의 숭고한 면면을 보게 되기를 기도한다.

제9장

소다 가이치
한국 고아의 자애로운 아버지

曾田嘉伊智, 1867-1962

소다 가이치 (曾田嘉伊智, 1867-1962)

지금부터 약 50년 전 슈에이샤集英社 출판사는 『세계 100인의 이야기 전집』世界100人の物語全集을 출판했다. 이 전집은 어린이들에게 '나도 이런 사람이 되고 싶다'는 높은 이상과 희망을 심어주기 위해 편찬되었다. 그 전집의 제2권은 『인류애 이야기』人類愛の物語인데 특히 이 책은 마이니치신문毎日新聞으로부터 상을 받으며 높게 평가되었다. 그 책에는 인류애의 실천자로서 선택된 여덟 명이 있다. 슈바이처, 나이팅게일, 워싱턴 등이 그 책이 다루는 인물들이다. 거기에 나란히 이름을 올린 한 일본 사람이 있다. 바로 소다 가이치曾田嘉伊智이다.

소다 가이치는 식민지 시절 조선 땅에서 고아들을 위해 헌신한 자비로운 아버지였다. 소다 가이치는 식민지 시절 말기에 길을 잃은 한국 기독교 영혼들에게 위로와 희망의 목자였다. 무엇보다 그는 전후 일본 사회에 기독교 신앙으로 희망을 전한 전도자였다. 그는 평생 하나님께서 사랑을 안고 가라 하시는 곳으로 나아갔다. 그는 그 부르심에 언제나 성실하게 응답했다. 그래서 그는 아이들을 위해서라면 부끄러울 일이 없다고 생각한 고아들의 진정한 아버지였다. 그는 하나님의 은혜 가운데 신앙을 지키고자 하는 이들에게 신실한 목자였다. 빛을 잃고 헤매는 일본 사람들에게는 길이 되어주기도 했다. 그는 그것이 옳다고 생각하며 평생을 그렇게 살았다. 어렵고 엄혹했던 시절에 이런 헌신과 사랑을 보기는 쉽지 않다. 소다 가이치는 그렇게 흔치 않은 사람이었다.

평생 남다른 인생을 산 소다 가이치에게는 그런 삶을 살게 된 동기가 있었다. 그는 대만에서 이름 모를 조선 사람에게 큰 은혜를 입었다. 이름도 알려지지 않은 그 조선사람은 소다 가이치에게 선한 사마리아인이었고 진정한 이웃이었다. 그는 그 조선사람을 마음에 두고 그가 얻은 은혜를 빚으로 여겨 평생 조선에서 살며 조선 사람들을 위해 수고하고 헌신했다. 그렇게 그가 흘려보낸 은혜를 누린 조선 고아들의 숫자는 수천 명에 이른다. 소다 가이치는 이제 한국 사람들과 한국의 그리스도인에게 친숙한 인물이다. 그의 이름은 한국 곳곳에 새겨져 있고 어디서도 그의 이름을 찾아 확인할 수 있다. 무엇보다 그의 이름은 서울 양화진의 외국인 선교사 묘역에 남아 있다. 그는 죽은 이후 지금껏 한국과 일본 사이를 그가 받은 자애慈愛, 그가 누린 자애, 그가 베푼 자애로 잇고 있다.

야망을 품고 나선 유랑 생활

소다 가이치는 1867년 야마구치현 구마게군 소네촌山口縣熊毛郡曾根村, 현재는 히라오정에서 태어났다. 이때는 일본이 에도 시대에서 메이지 시대로 바뀌는 격동의 시대였다. 젊은 시절에 그는 나가사키長崎의 탄광에서 일하기도 했고 소학교에서 임시 교사로 가르치는 일을 하기도 했다. 그는 특히 외국인에게 영어를 열심히 배웠다. 시대가 변하니 자신도 그 변화에 잘 적응해야 한다는 생각에서였다.

스물다섯 살 무렵이던 1892년 소다 가이치는 야망을 품고 여행길에 올랐다. 주로 중국대륙 일대를 다녔는데 홍콩, 대만, 중국 본토 등지를 전전했다. 그는 여행길에 많은 것을 배우기를 바랐다. 세상이 격동의 시간을 보내고 있으니 그 모든 곳으로부터 많은 것을 배울 수 있으리라 그는 생각했다. 그렇게 많은 것을 배우고 나면 고향으로 돌아가 뜻을 펼치며 훌륭한 사람으로 살아가리라 마음먹었다. 그러다 그는 뜻하지 않은 어려움을 겪게 된다. 1900년경 대만에서 그는 독일계 회사에 다녔는데 자주 술을 마셨다. 술을 마시면 언제나 만취 상태였다. 그리고 결국 길거리에서 만취 상태로 쓰러지게 된다. 그때 지나가던 조선인이 그를 도왔다. 일면식도 없는 사람이었는데 그를 부축해서 여관에 데려다주고 여관비는 물론 필요한 경비도 대주었다. 성경의 그 선한 사마리아인이 바로 그 앞에 나타난 것이다. 그는 알지도 못하는 조선 사람의 선행에 큰 충격을 받게 된다.

1905년 소다 가이치는 서른여덟의 나이에 조선으로 가기로 결심한다. 그리고 곧 조선으로 건너갔다. 이름 모를 은인의 모국인 조선에 마음이 끌린 것이다.

조선에 건너간 그는 뛰어난 영어 실력을 살려 경성 YMCA의 영어 교사가 되었다. 이곳에서 소다 가이치는 이상재李商在, 1850-1927 등 여러 사회운동가들과 그리고 독립운동가들과 교류했다. 그가 조선에 건너간 해에는 일본의 조선 점령이 본격화되기 시작했다. 조선에는 통감부가 설치되었고 이듬해 이토 히로부미伊藤博文, 1841-1909가 초대 통감이 되어 조선의 오늘과 내일을 좌지우지했다. 조선 사람들에게 이 일은 치욕스러울 뿐 아니라 고통스러운 것이었다. 그들은 주어진 암울한 현실을 넘어설 힘이 필요했다.

암울한 시대를 넘어설 힘은 평양에서 일어났다. 소다 가이치가 경성에 있던 1907년 평양에서 기독교 신앙 운동이 크게 일어났다. 많은 사람이 교회에 모여 집회를 했고 새 마음과 새 삶을 결단했다. 사실 조선에 개신교는 그보다 훨씬 오래전에 전래 되었다. 그런데 하나님은 선교의 바람이 일기 시작한 지 꽤 시간이 지나서야 조선에 신앙의 큰 불길을 일으키셨다. 하나님께서는 일본의 식민지 지배라는 국가적으로 어두운 현실 상황을 이길 힘을 한국기독교회에 베푸신 것이다. 그렇게 신앙부흥의 불길은 평양을 거점으로 전국에서 타오르기 시작했다. 많은 사람이 돌아섰고 결심했으며 희망을 품게 되었다.

소다 가이치는 그보다 한 해 앞선 1906년 평양의 한 기독교 전도집회에서 이미 그 영적 기운에 접하고 기독교로 회심했다. 이날로부터 그는 그때까지 추구하고 있던 모든 부질없는 욕심과 현세적 성공을 향한 야심을 떨쳐버리고 그리스도만을 따르는 인생의 길을 택했다. 이 일을 계기로 소다 가이치는 경성감리교회京城監理教會, 일본인 교회의 평신도 전도사로 교회를 섬기기 시작했다. 그리고 이후 약 10년간 성서를 판매하며 전도하는 데 힘썼다. 한국교회 초기 많았던 권서인勤書人으로 산 것이다.

1908년 마흔 살이 되었을 때 소다 가이치는 경성의 명신여학교明新女學校와 이화여학교梨花女學校에서 영어교사를 하고 있던 우에노 다키上野タキ, 1878-1950와 혼인한다. 이 명신여학교는 후치자와 노에淵澤能惠가 창립에 깊이 참여하고 이후에도 학교 운영을 한 바로 그 학교였다. 다키는 나가사키의 미션 스쿨을 졸업한 재능이 뛰어난 여성이었으며 열심이 있는 그리스도인이었다. 그녀는 결혼 후에도 여학교에서 교편생활을 지속하며 성서 판매와 전도에 힘쓰고 있는 남편을 지원했다. 소다 가이치는 아내의 도움으로 전도사로서 그리고 권서인으로 매진할 수 있었다.

참회하지 않으면 안 된다

1921년, 소다 부부에게 커다란 전기轉機가 찾아온다. '가마쿠라보육원' 鎌倉保育院의 경성지부를 설립하여 운영하고 있던 사타케 오토지로佐竹音次郎, 1864-1940의 요청을 받아들여 경성지부장이 되어 조선 고아들의 보육과 구제에 전념하게 된 것이다. 사타케 오토지로는 의사이며 감리교회의 열심 있는 신자였다. 그는 가마쿠라시에 가마쿠라 보육원을 설립하고 기독교 정신으로 보육원을 중심으로 한 사회복지시설을 경영하고 있었는데 그 후 만주의 뤼순旅順과 경성에도 지부를 설립해 고아들을 돌보고 양육하는 일에 매진하고 있었다.

사메지마 모리타카鮫島盛隆는 『한국 고아의 자애로운 아버지: 소다 가이치옹』韓国孤児の慈父: 曽田嘉伊智翁에서 이렇게 말한다.

> "소다 부부의 활동 가운데 최대의 업적은 서울에 있던 가마쿠라보 육원의 고아구제 사업을 책임지고 운영한 것이다."

소다 부부는 일본의 식민지 지배하에서 조선인에 대한 멸시 가운데 각별한 고통을 받고 있던 조선인 고아들을 보고 그들을 돌보는 일에 참여하기로 결심했다. 예수 그리스도의 사랑의 가르침에 힘입어 불쌍한 조선의 아이들의 부모가 되기로 한 것이다. 그들은 일본인 동포의 조선인에 대한 가혹한 지배와 마음속에 자리한 우월감을 보고 접할 때마다 일본인으로서 참회의 마음과 억누를 수 없는 분노를 느끼고 있었다. 특히 소다 가이치와 가까이 지내고 있던 사람들은 그가 입버릇처럼 일본인의 횡포에 대해 "죄스럽다", "참회하지 않으면 안 된다"소다 가이치는 참회(懺悔)의 기독교식 발음인 '잔게'라고 말하지 않고 불교식 발음인 '산게'라고 발음했다.라고 하는 말을 자주 들었다. 일본인으로서 그런 죄스런 마음이 소다 가이치를 조선의 고아 구제 사업으로 향하게 된 것이었다.

걸인처럼

예나 지금이나 고아원 같은 시설을 운영하는 일은 대체로 어려운 법이다. 오래전 영국에서 고아들을 키우던 기도의 사람 조지 뮐러도 그 사실 앞에서 늘 가슴 졸이고 힘들어했다. 그의 기도 제목 우선순위에는 아이들을 먹일 양식 문제가 늘 놓여 있었다. 하물며 식민지 땅에서 식민지 사람들 그것도 그들의 고아를 위해 일하는 것에는 난관이 늘 도사리고 있었다. 그것은 고아원 운영자라면 일상의 각오로 이겨나가야 할 일들이었다.

소다 부부의 고아원 운영 역시 매번 난관에 부닥쳤고 시련이 끊일 날이 없었다. 가마쿠라보육원 경성지부에서 수용한 고아의 수는 1913년부터 1945년까지 30여 년 동안 천백 명 이상에 이르렀다. 그 많은 아이를 감당하는 일은 어려웠다. 먹이고 입히는 일만 해도 많은 경비를 필요로 했는데, 소다 부부는 그 경비를 조달하기 위해 매우 고생하고 있었다. 총독부와 경성부의 보조금과 위탁비, 일본의 가마쿠라보육원 본부의 부담금만으로는 부족했다. 소다 가이치 부부의 일에는 민간이나 교회 그리고 여러 친구의 기부금이 절실하게 필요했다. 특히 교회의 도움은 이들 부부의 사역을 유지하는 일에 가장 중요한 지원기반이었다. 이를 위해 소다 부부는 조선 전국에 있는 수많은 교회와 성도들을 찾아 방문해 그들에게 고아원의 현실을 알리고 그리스도의 사랑어린 기부금을 부탁했다.

그러나 그 많은 수고와 노력에도 아이들을 먹여 살리는 일은 쉽지 않았다. 매일 밥을 먹이는 일이나 옷을 지어 입히는 일, 학교에 다니게 하는 일 혹은 직업교육을 시키는 일 모두 재정적인 후원과 도움이 필요했다. 그러나 그 모든 것이 늘 넉넉한 것은 아니었다. 고아원의 살림은 여기저기 빈틈이 많았고 곳간은 어느새 비기가 일쑤였다. 거의 매

소다 가이치가 식민지 조선에서 활동하며 찍은 사진. 그는 조선 사람에게서 얻은 은혜를 갚고자 평생 조선을 위해 살았다. 맨 앞줄 가운데가 소다 가이치다.

일 후원자를 찾아다니는 일로도 역부족이었다. 결국 데리고 있던 고 아들을 굶기지 않고, 양육하여 직업을 얻게 하는 일 그리고 보육원 직 원들의 생활을 지원하기 위해 소다 부부는 조의조식粗衣粗食을 감내했 다. 그들 가정은 항상 1일 2식을 원칙으로 삼았다. 스스로 절핍絶乏하는 생활이었다. 그러는 사이사이 부부는 마치 '걸인처럼' 주변 많은 사람 에게 머리를 조아리며 돌아다녔다.

그러나 그런 소다 부부의 노고를 인정하는 사람들만 있는 것은 아 니었다. 소다 부부는 일본인 동료들로부터는 이름을 팔아먹는 무리라 고 매도되거나 혹은 매국노라고까지 비방을 받았다. 게다가 총독부의 원조를 받고 있다는 이유에서 부부는 조선인들에게 총독부의 앞잡이 라고 오해를 받았다. 무엇보다 부부는 종종 사람들에게 거지들 가운데서도 상거지라고 비웃음을 받기도 했다. 그러나 그들 부부는 이런 것을 조금도 개의치 않고 그리스도의 십자가의 고통에 비하면 아무것도 아니라며 오로지 인내하며 일을 지속했다. 소다 부부는 그런 걸인의 삶이 싫지 않았고 그렇게 냉대를 받거나 혹은 핍박을 당하거나 어려움에 빠지는 것을 감사했다. 부부에게 커다란 기쁨은 보육원에서 자란 아이들이 성장해 사회인이 되어 세상에 진출하고 결혼하여 독립적인 자기 생활을 시작하는 것을 보는 데에 있었다.

조선 사람을 섬기는 일본인

이때 소다 가이치는 경성감리교회에서 아사카와 다쿠미淺川巧, 1891-1931와도 친분을 나누고 있었다. 아사카와는 조선 산야를 조림造林하는 사업에 종사하며 조선 전통의 도예, 특히 백자白磁를 보존하기 위해 활동하고 있었다. 그들은 같은 감리교인이었으며, 조선 사람들을 마음으로 섬기는 자세에서도 서로 통했다. 그래서 그들은 서로 깊이 교제하고 있었다. 1931년에 아사카와가 세상을 떠났을 때 소다 가이치는 그의 장례에 참석하여 절친한 벗 아사카와를 위해 '시편 23편'을 낭독하기도 했다. 소다 가이치는 그만큼 아사카와 다쿠미의 조선과 조선문화 그리고 조선 사람들에 대한 헌신의 삶이 좋았다.

소다 가이치는 고아원을 운영하는 한편 필요한 경우 목회자로서 사역에도 나섰다. 태평양 전쟁의 광포한 바람이 거세던 시절 조선 땅에는 신사참배 강요와 박해의 열풍이 불었다. 많은 목회자들이 자리에서 쫓겨나고 투옥되기도 했으며 교회는 문을 닫기도 했다. 역시 많은 교회들이 목회자를 잃은 채 목자 없는 양과 같이 방치되어 있었다. 그렇게 일본의 식민지배가 폭력적인 양상을 더해가던 시절인 1943년 일흔여섯 살의 소다 가이치는 목회자가 없는 원산감리교회의 목사 대리로 홀로 부임해 약 3년간 교회를 지켰다. 목자를 잃고 방황하는 영혼들을 위해 그리고 교회를 위해 헌신하고 수고한 것이다. 이처럼 소다 가이치는 조선인들의 고통스러운 삶의 현실을 끌어안고 그들을 위해 수고하는 모든 일에 정성을 다했다.

1945년 8월 15일 일본은 패배했다. 그 날은 동시에 조선 독립의 날이기도 했다. "독립만세", "일본인은 나가라", "일본인을 죽여라" 등의 포스터와 외침이 경성 시내를 비롯해 조선 각지에 넘쳤다. 수많은 일본인의 재산이 몰수되고 일본으로의 강제 귀국이 이루어졌다. 고아원을 품고 있던 소다 부부는 움직이지 않았다.

그들은 조선이 해방되던 날에도, 그리고 사람들이 거리로 쏟아져나와 나라가 해방된 것을 축하하며 만세를 외치던 그 시간에도 소다 부부는 아이들을 위해 고아원을 지키고 있었다. 많은 일본인이 서둘러 재산을 처분하고 귀국을 서두르던 혼란스러운 상황에도 소다 부부는 주변 사람들에게 아이들에게 필요한 것을 구걸하고 다녔다. 그들에게는 나라의 패망이나 혹은 조선의 독립과 같은 거대한 사건보다 중요한 아이들이 있었기 때문이다. 처음 조선 사람들은 그들 부부에게도 미움의 눈초리로 대하였다. 그리고 그들에게 일본으로 돌아가라고 강요했다. 그러나 곧 그들의 시끄러운 마음은 사그라들었다. 소다 부부의 고아들에 대한 변함없는 사랑을 다시 한번 확인한 것이다. 부모 잃

소다 가이치는 해방 후 일본에 돌아갔다가 조선으로 돌아와 조선에서 죽었다. 그는 조선과 한국을 위해 헌신한 선교사들과 함께 양화진 외국인 묘역에 묻혀 있다.

은 고아들을 위한 구제사업을 인정받은 소다 부부는 그대로 조선에 머무는 것이 허락되었다.

여든한 살이 되어 일본 선교에 나서다

패전 후 격동하던 시절, 여든 살이 된 소다 가이치는 완전히 새로운 마음을 품었다. 이번에는 일본 선교를 굳게 결심한 것이다. 패전으로 황폐화된 조국 일본의 상황을 알았던 그는 깊이 슬퍼했다. 일본이 전쟁으로 파괴되어 미증유의 고난 가운데 가장 필요한 것은 '복음을 전하는 발'이라는 사실을 통감했다. 그는 여든한 살의 고령에도 불구하고 부인 다키를 남겨두고 홀로 귀국했다.

소다 가이치는 오래전 1907년 조선 평양 땅에 있었던 큰 부흥 운동을 기억하고 있었다. 그때 하나님께서는 암울하고 어려운 시절을 보내야할 조선 사람들 특히 조선의 기독교인들에게 하나님의 영을 보내셔서 그들을 세우시고 담대하게 하셨다. 소다 가이치는 마찬가지 역사가 이번에는 일본에서 일어나야 한다고 생각했던 것 같다. 그의 마음에 조선의 영혼들이나 일본의 영혼들은 모두 같은 하나님의 자녀들이었다. 조선에 하나님의 부흥의 역사가 있었다면 일본에도 하나님에 의한 부흥의 역사가 일어나야할 터였다. 그는 그 일에 자신이 도구로 '복음을 전하는 발'이 되기를 바랐다.

1947년 시모노세키下關에 도착한 소다 가이치는 이후 12년 동안 일본 전국을 순회하며 사람들에게 희망의 메시지를 전하며 그들을 복음으로 전도했다. 그는 한동안 쇼도시마교회小豆島敎會에서 목사 대리로 일했고 아카시明石의 노인 요양원에 살면서 그곳 사람들을 전도하기도 했다. 소다 가이치는 참으로 훌륭한 '영적 유랑자'였다.

1960년 아사히신문朝日新聞은 당시 이승만 대통령 앞으로 '아흔세 살의 소다 가이치가 한국 귀환을 원한다'라는 특별기사를 냈다. "당신은 이 흰 수염의 할아버지를 기억하십니까?"라는 제목으로 소다 가이치의 커다란 얼굴 사진을 소개하며, 한국 귀환을 바라는 노년의 소다 가이치의 열망을 전했다. 이 기사가 계기가 되어 일본과 한국에서 그는 곧 크게 주목을 받았다. 그리고 마침내 그의 호소가 수락되어 1961년에 극적인 한국 귀환이 이루어졌다.

한국으로 돌아온 이듬해 소다 가이치는 심장마비로 하늘의 부름을 받았다. 아흔다섯의 나이였다. 그의 장례는 한국과 일본 모두에서 치러졌다. 한국에서는 국장에 버금가는 사회장이 거행되었고 각계의 많은 사람이 그의 죽음을 마음 깊이 애도했다. 일본에서는 아오야마학원南山學院의 채플에서 추도식이 성대하게 거행되었다. 일본에서도 그의 뜻과 삶을 기리는 사람들은 많았다. 이 추도식에서는 한국정부로부터 문화훈장이 주어졌다. 식민지 시절과 전후 시대 모두를 걸쳐 일본인에 대한 최초의 훈장 수여였다. 그 이듬해에는 목포 공생원의 다우치 지즈코가 한국 정부로부터 같은 문화훈장을 수여받았다. 현재 소다 부부의 묘는 서울 마포구 양화진외국인선교사묘원에 마련되었고, 그 묘비에는 '고아의 자부慈父 소다 가이치의 묘'라고 쓰여 있다.

누군가의 선한 사마리아인이 되어

김광현 목사
GMS총회세계선교회 선교사
일본기독성협단 해외선교위원장
동경만나교회 담임

누가복음 10장 36-37절
네 생각에는 이 세 사람 중에 누가 강도 만난 자의 이웃이 되겠느냐
이르되 자비를 베푼 자니이다 예수께서 이르시되
가서 너도 이와 같이 하라 하시니라

양화진 외국인 묘역, 그곳은 조선을 위해 일했던 많은 외국인 선교
사들과 그 가족들이 잠들어있는 땅이다. 그런데 그곳에 유일하게 일
본인의 묘가 있다. 그의 이름은 소다 가이치, 일명 '한국 고아의 아
버지'라고 불리던 인물이다. 많은 사람들은 일본인인 그가 왜 조선에
건너와 조선고아들을 위한 고아의 아버지가 되었을까 생각한다. 그
러나 한 번 그의 인생을 알게 되면 그가 그 묘역의 주인인 것을 당연
하게 그리고 깊은 교훈으로 여기게 된다. 그는 젊은 시절 당대 세계를
떠돌아다녔다. 당시 떠오르는 나라 일본인으로서 야망이 있었기 때
문이었다. 그러나 곧 그는 그런 야망보다 더 가치 있고 의미 있는 일

이 있다는 것을 깨닫게 된다. 조선에서 조선인들을 위해 사는 일이었다. 그는 곧 조선 땅에서 생면부지 고아들의 아버지가 되었다. 그리고 평생 그들을 위해 헌신하고 수고했다.

당시 조선 땅에는 버려진 아이들로 넘쳐났다. 소다 가이치는 용산구 후암동에 위치한 가마쿠라보육원에서 정성을 다해 고아들을 돌보았다. 소다 가이치 부부의 삶이 쉬웠던 것은 아니었다. 그러나 그때마다 그를 이해하고 존경하는 마음에 도움의 손길이 이어졌다. 한번은 보육원이 경제난으로 문을 닫게 되었을 때, 보육원 앞마당에 감사의 편지와 현금 일천 원이 놓여 있었는데, 편지에는 "소다 가이치 선생님 내외분이 하시는 일은 하나님의 거룩한 사업입니다. 우리나라 동포를 대신하여 감사 드립니다"라고 씌여 있었다. 그는 평생 가난하고 어려운 조선 사람들을 위해 살았고 그들의 선한 사마리아인이 되었다. 그것이 그가 언젠가 익명의 조선사람에게 받은 은혜를 보답하는 길이었으며 그렇게 알게 된 하나님의 사랑을 전하는 길이었다.

우리는 우리 민족을 수탈하고 압제했던 일본을 원수로 생각하고 자라왔다. 독립운동을 하시고 어려움을 겪으신 할아버지를 둔 나는 도저히 일본과 일본사람을 사랑할 수 없었다. 그러나 어느 순간 내 마음에 예수님이 들어오시게 되자 나는 일본 사람들을 사랑하는 선교사가 되었다. 우리 역시 누군가의 신실한 이웃이어야 한다. 이름을 남기지 않아도 좋다. 그저 신실한 이웃이 되어야 한다. 그렇게 하는 것이 이 시대 또 하나의 하나님의 사람, 소다 가이치 같은 인물을 세상에 내놓는 참된 길이다. 그래서 소다 가이치는 지금도 우리와 그들 사이 다리를 놓는 신실한 사역자이다. 그는 여전히 살아서 우리와 우리 원수 사이에 담을 허물고 있다.

제10장

요시다 고조
오늘도 다리를 놓는 사람

吉田耕三, 1941-

요시다 고조 목사(吉田耕三, 1941-)와 요시다 야스코 사모

　지금까지 소개했던 사역자들과 봉사자들은 거의 식민지 시절 그리고 전쟁이 끝난 직후까지 한국과 그 땅의 사람들을 위해 수고하신 분들이다. 그들은 모두 이미 세상을 떠나고 없다. 그런데 그들의 신앙과 정신은 지금도 살아 그들이 품었던 그 생생한 헌신의 삶 가운데 "믿음으로 지금도 우리에게 말하고 있다." 히 11:4 우리가 이제껏 나누었던 일본인 그리스도인들의 한국과 그 땅 사람들에 대한 헌신은 끊어질 듯 질기게 이어져 온 사랑의 징검다리와 같은 것이었다. 그들 일본인 그

리스도인의 사랑과 헌신의 정신은 그들 자신의 사역으로 끊어져버렸다가 어느 순간 누군가의 마음에서 다시 살아나 오늘에까지 이어지고 있다.

구약성서에서 엘리야는 혼자서 그 모든 사역을 감당하고 있다는 현실을 개탄했다. 그때 하나님께서는 그뿐 아니라 수많은 사역자가 하나님께 부름 받은 땅 곳곳에서 사역하고 있음을 상기하도록 하셨다. 하나님께서는 당신의 나라가 확장되고 그 나라의 통치 가운데 수많은 백성과 족속이 하나되어 서로 존중하며 화해하고 사랑하는 은혜가 넘치기를 바라신다. 그리고 그를 위해 수많은 당신의 사역자들을 불러 화해와 일치가 필요한 곳에 세우신다. 일본과 한국 사이도 마찬가지다. 하나님께서는 두 나라의 화해를 특별히 신앙을 가진 그리스도인들이 감당하도록 하신다. 비록 당장에 미약해 보여도 두 민족과 나라 사이에 사죄와 화해의 이음줄이 되어 서로를 연결하는 사역은 두 나라의 슬픈 역사 이래 꾸준히 계속되고 있다.

이번에 소개하는 요시다 고조与田耕三 선교사목사이기도 하다는 그런 이음줄 가운데 하나이다. 그는 1981년 이땅에 선교사로 부름받고 와서 꾸준히 주어진 사역을 감당하고 있다. 그는 가족과 함께 지금도 한국 땅에서 한국과 일본 사이에서 가교로서의 귀한 역할을 하고 있다. 이미 그의 사역은 40년에 이르렀고 초대 일본인 선교사 노리마쓰 마사야스 이래 역대 일본인 선교사들 가운데 가장 길게 봉사하고 있는 사역자 가운데 하나이다. 아마도 그의 사역은 그를 이어 그의 후계자들을 통해 계속 이어질 것이다.

영토 문제, 종군 위안부 문제, 야스쿠니靖國신사 참배 등 과거사 인식을 둘러싸고 여전히 지독한 긴장 상태가 이어지고 있는 현실의 한일 관계에도 불구하고 지금도 요시다 고조 목사는 그의 선배 노리마쓰 마사야스 이래 자신에게 주어진 사죄와 화해 사역을 계속 이어가고 있다. 그는 지금도 이 모든 어려운 일들이 마치 자기에게 주어진 숙명인 양 받아들고서 한편으로는 겸손하게 다른 한편으로는 담대하게 그 일들을 감당하고 있다.

일본의 한 그리스도인을 한국으로 인도하심

요시다 고조吉田耕는 1941년 9월 15일에 일본 도쿄에서 태어났다. 그해 12월 8일, 일본군은 미국 하와이의 진주만을 공격했고 2차대전의 거대한 소용돌이에서 새로운 태평양전쟁이 시작되었다. 그래서 안전을 위해 가족 모두 아이치현愛知縣으로 소개疎開하여, 생활의 기반을 옮기게 되었다. 고조는 일본이 패망하고서 초등교육을 받고 이후 일본인들이 어려운 시절이었다고 입을 모으는 시대에 중고등교육을 받았다. 사실 그의 마음에는 일본인으로서 그들이 이 모든 식민지화와 전쟁의 가해자라는 사실에 대한 어떤 죄책이나 미안한 마음 같은 것은 없었다. 전후 세대에 가깝다고 볼 수 있는 시절에 성장하면서 고조의 마음에는 일본인도 전쟁의 참화와 전후의 가난과 어려움을 겪었다는 생각이 자리 잡았다.

소년 시절 도쿄로 올라가 그리스도인이 된 고조는 소명을 받고 도쿄로 올라가 일본 크리스천칼리지Christian College, 현 도쿄기독교대학의 전신에서 신학을 공부했다. 그리고 1965년에 졸업했다. 졸업 후에는 태평양방송협회에서 방송 전도에 종사하면서 다치카와교회立川教會에서 전도사로 봉사했다. 그 후에는 자신이 그리스도인이 된 후 다니던 모교회인 아이치현愛知縣 나고야시名古屋市 옆에 위치하는 가스가이시春日井市에 있는 모모야마교회桃山教会에서 12년간 목회했다. 그는 이 시기 도쿄에서 만난 야스코泰子와 결혼해 두 딸을 두었다. 이때까지 고조의 삶은 평범했다. 기독교 가정에서 자란 것도 아닌 그가 기독교 전통이 희미한 일본에서 기독교 신앙을 받아들이고 그리스도인이 되었고 그리고 목회자가 되었다는 사실 외에 특별할 것은 없다. 그렇다. 그에게 특별한 일은 그다음에 일어났다.

요시다 고조는 모모야마교회에서 목회하던 중 한국과 만남을 갖게 된다. 하나님의 섭리였다. 1974년 한국은 기독교 신앙운동 특히 대학 등 학원 선교와 젊은이 선교에 큰 분기점이었던 '엑스플로 74'EXPLO74가 열렸다. 한국대학생선교회Campus Crusade for Christ가 주최하는 대규모 선교대회가 서울 한강 한 가운데 있는 여의도의 큰 광장에서 개최된 것이다. 이것은 한국교회로서는 놀라운 사건이었다. 김준곤 목사 등이 강사로 섰고 수를 헤아릴 수 없는 많은 그리스도인이 이 대회에 참석했으며, 수많은 젊은이가 그리스도의 십자가 앞으로 나아왔다. 기록으로 보자면 매일 백만 명정도가 참석한 정말 큰 대회였다고 한다.

요시다 고조는 '엑스플로74'에 참석하기 위해 한국을 처음 방문했다. 말로만 듣던 한국이었다. 일본에서 온 천여 명의 기독교인과 함께 그 대회에 참석했다. 첫 방문에서 그는 놀랐다. 그리고 엄청난 수의 기독교인 수와 교회 숫자에 놀랐다. 일본에서는 볼 수 없는 모습이었다.

일본에서는 한참 뒤져야 겨우 한두 교회를 찾을 수 있지만, 서울과 한국에서는 곳곳에서 교회를 볼 수 있었다. 무엇보다 놀란 것은 집회에 참석한 사람들의 수와 그들의 열정이었다. 요시다 고조는 한국인들도 놀랍지만 한국교회와 한국교회 성도들도 놀랍다고 생각했다.

그러나 요시다 고조는 한국교회의 규모와 교인 수와 그리고 행사의 대단함에만 압도된 것은 아니었다. 그는 한국 첫 방문에서 이런 질문을 던졌다.

'무엇이 한국 사람들을 이렇게 움직이고 있을까?'

그는 이 질문에 대한 근본적이고 근원적인 답이 필요했다.

요시다 고조는 그 후에도 몇 번이나 한국을 방문했다. 그는 특히 두 번째 한국을 방문했을 때 한 교회에서 큰 충격을 받았다. 그 교회는 서울 남쪽 수원 남부에 위치해 있으며, 1919년 3·1독립운동 시기에 일본 경찰과 군인들이 성도들을 잔혹하게 학살한 곳으로 유명했다. 그때 그 교회 성도들은 모두 교회로 모이라는 명령을 받았다. 일본 경찰은 성도들과 그리고 함께 온 마을 사람들을 교회 안으로 들어가라고 명령했다. 사람들이 교회 안으로 들어가자 그들은 교회 문을 굳게 잠그고서 사람들이 창문이나 어디로도 빠져나오지 못하게 만들었다. 그리고 그 교회에 불을 놓았다. 그 교회 이름은 제암교회였다. 고조는 바로 그 '제암교회 방화 학살 사건'의 현장을 방문하고서 말로 할 수 없는 충격과 고민에 빠져들었다.

1960년대 후반 오야마 레이지(尾山令仁, 현재 성서그리스도교회 회장 및 일한친선전교협력

會 회장 목사는 이 사건에 대한 일본인과 일본교회의 대책을 내놓았다. 오야마 목사를 중심으로 성서그리스도교회에서 '사죄재건위원회'謝罪 再建委員會가 결성되었다. 그들은 일단의 성금을 모아 제암교회 재건기금을 조성했다. 그리고 사죄와 화해의 뜻을 수긍한 한국 감리교회의 협력을 받아 교회당을 재건했다. 1970년 8월 그러니까 사건이 있고서 약 50여년의 세월이 흐르고서 그 사건을 저지른 당사자 일본인들에 의해 제암교회가 다시 세워진 것이다. 헌당식을 치른 제암교회 예배당은 일본 교회의 사죄와 한국과 일본의 화해의 표시로 그 사건 현장에 서 있다. 그리고 한국과 일본의 많은 사람이 그곳을 방문하고 있다.

요시다 고조 목사는 제암교회 현장에 섰다. 그 자리에서 그는 서울 여의도 광장에 넘치고 있던 영적인 힘은 1919년 3.1독립운동에까지 거슬러 올라간다는 것을 깨닫게 되었다. 한국인들과 한국교회는 식민지 시절 그 모든 어려움 가운데서도 하나님을 향한 믿음과 소망을 내려놓지 않고 신실하고 굳건하게 역사적 현실을 이겨왔다. 때로는 불의하게 억압당하고, 살던 땅에서 쫓겨나고 그리고 때로는 순교하는 상황이 닥치더라도 절대로 그들은 하나님을 향한 신앙을 버리지 않았다. 거기에 한국인들 그리고 한국 그리스도인들의 승리와 부흥이 있었던 것이다.

요시다 고조 목사는 그 자리에서 말로 다 할 수 없는 느낌을 받아 마음 깊이 참회의 기도를 드렸다. 그리고 그 자리에서 그는 하나님께서 그를 한국에 대한 사죄와 화해의 사명으로 부르고 계신다는 것을 알게 되었다. 사죄와 화해야말로 일본과 한국 두 나라가 미래를 향해 나아가야할 길이었다. 요시다 고조 목사는 그것을 깊이 체험하고 느꼈다.

요시다 고조 목사는 이후 한국에서 사역하기 위해 준비를 했다. 당장에 그는 무엇을 어떻게 풀어가야 할지 알 수 없었다. 그러나 기도하는 가운데 진중하게 생각하고 성경을 묵상하며 계획을 풀어가는 가운데 하나님은 그에게 지혜를 베풀어 주셨다. 중요한 것은 그의 '사죄와 화해 사역'은 일본에서 할 일이 아니라는 것이었다. 그의 사역은 한국에서 그리고 한국인들 사이에서 일본인들에 의해 이루어져야 했다. 그것이 그 무엇보다 중요한 대목이었다.

그렇게 결단하고 사역 준비를 시작한지 4년 후인 1981년 9월 요시다 고조 목사는 일한친선선교협력회日韓親善宣教協力會의 선교사로 가족과 함께 서울에 파견되었다. 요시다 고조 선교사를 파견한 일한친선선교협력회는 당시 모리야마 사토시森山 諭 목사가 초대 회장을 맡았으며, 한국에 대한 일본의 침략과 박해에 대한 사죄를 토대로 한국교회와 일본교회 사이의 화해와 친선을 위한 선교활동을 목표로 설립된 선교단체이다. 요시다 고조는 바로 그 단체를 통해 선교사로 파송을 받은 것이다. 1974년 처음 한국을 방문하여 한국사회와 교회의 발전과 부흥에 대해 큰 놀라움을 경험하고, 이어진 두 번째 방문에서 '사죄와 화해 사역'의 사명을 얻은 그는 이제 본격적으로 한국에서 그 사역을 펼쳐 나가게 되었다.

사실 1981년의 서울과 한국은 여전히 일본인에게 친숙하거나 편안한 곳은 아니었다. 전쟁이 끝나고 해방이 된 지 36년이 지났지만, 한국인들의 일본인을 향한 마음은 여전히 차가웠다. 1965년 한일기본

요시다 고조 선교사와 그의 가족들
(1981년, 도쿄 요도바시교회(淀橋敎會)에서 한국으로 떠나기 위한 파송식 때)

조약이 체결되어 한일 관계가 정상화되었다고는 하지만, 한국에서 반일 감정은 여전히 뿌리가 깊었다. 상황이 아직 좋지 않다는 것을 아는 일본에 있는 가족들은 당연히 그와 그의 가족의 한국행을 반대했다. 일본 교계의 여러 지인들도 그의 한국 활동을 우려했다. 어떤 어려움이 닥칠지는 아무도 몰랐다.

그러나 요시다 고조 목사의 사명감은 흔들리지 않았다. 그는 네 명의 가족과 함께 기어이 한국에 건너왔다. 그의 마음에는 제암교회의 그 고통스러운 현장 모습이 가득했다. 어떻게든 그 자리에서 그에게 주어진 사명을 위해 헌신해야 했다. 그것은 분명 하나님의 뜻이었다. 그는 그때 막 시작된 한국에서의 사역을 이렇게 정의했다.

"현지에 몸을 둠으로써 한일 양국 사이에서 주님의 십자가를 중심

요시다 고조는 지금도 스스럼없이 한국과 일본 사이 화해의 다리가 되고 있다. 그와 그의 가족의 헌신은 한국과 일본의 화해하는 미래이다.

으로 각계각층의 사람들에게 사죄하고 화해를 시도하는 사역."

사죄와 화해의 사역

한국에 건너온 요시다 고조 선교사는 먼저 서울일본인교회의 목사로서 사역을 시작했다. 이 교회는 1975년 서울에 체재하고 있는 일본인 여성들을 위해 한국인 목사와 장로가 시작한 모임이었다. 이제 교회는 자리를 잡아 일본인 목사를 필요로 하고 있었다. 요시다 고조 목사는 이 교회를 기반으로 한국과 서울에서 '사죄와 화해 사역'을 펼치기로 마음을 먹었다. 그의 서울일본인교회도 요시다 고조 목사의 '사죄와 화해 사역'을 교회의 중요한 사명으로 여기고 마음을 다해 그 길에 동행하고 있다.

지난 40년간 요시다 고조 목사와 서울일본인교회의 사역은 꾸준히 이어져 오고 있다. 그들은 지금도 한국 땅 서울 한가운데에서 일본인의 침략과 박해를 통감하는 사죄와 일본과 한국 사이 진정한 화해의 장이 열리는 일을 위해 수고하고 헌신하고 있다. 때로는 일본인들에게, 때로는 한국인들에게 오해를 사기도 하고 불편한 문제 한가운데 놓이기도 하지만, 요시다 고조 목사와 서울일본인교회는 그 사역을 단 한 번도 내려놓은 적이 없다. 일본과 한국 사이에 갈등이 최고조로 오르내리던 최근에도 그들은 여전히 일본인을 향한 호소와 한국인에 대한 진심어린 사죄의 헌신을 이어오고 있다.

다음은 요시다 고조 목사와 서울일본인교회의 '사죄와 화해 사역'의 대략을 정리한 것이다. 이 네가지를 살피는 것이야말로 오늘도 계속되고 있는 요시다 고조 목사의 헌신을 잘 이해할 수 있는 지름길일 것이다.

1. 서울일본인교회에서의 전도와 목회

요시다 고조 목사는 서울일본인교회의 교회로서의 사역을 한일 사이 '사죄와 화해 사역'의 가장 중요한 기반으로 여기고 있다. 결혼, 직업, 유학 등으로 한국에 체재하는 일본인을 전도하고 그들을 교회로 인도하여 그들을 상대로 목회하는 가운데 그들에게 꾸준히 세례를 베푸는 일은 요시다 고조 목사에게 무엇보다 중요한 사역이다. 이런 요시다 고조 목사의 사역으로 한국인 학생을 포함해 과거 40년간 백여 명의 사람들이 그리스도인과 구도자가 되었으며, 그들은 지금도 한국에서 또는 귀국 후 일본에서 또는 다른 해외 어딘가에서 신앙생활을 하고 있다. 처음 서울일본인교회는 어느 한국인 교회의 교육관을 빌려 예배를 드렸지만, 1992년에는 염원하던 예배당을 마련하여 자유로운 예배와 여러 활동을 위해 사용하고 있다. 최근에는 서울을 비롯하여 일본어 예배 모임을 갖는 한국교회가 늘어나고 있다. 그러나 대부분의 교회에서 준비된 외국어 예배는 그 교회의 전도 프로그램의 일환에 머무는 것이 일반적이다. 해당 언어 민족과 나라를 위한 예배는 많지 않은 것이 현실이다. 한국 매체들의 평가에 의하면 요시다 고조 목사의 서울일본인교회는 지금껏 '한국 유일의 일본인 교회'라고 할 수 있다. 요시다 고조 목사의 서울일본인교회의 사역이야 말로 일본인들이 한국과 한국의 역사를 바르게 이해하고 그들에게 진정한 사죄를 하는 은혜로운 통로가 되고 있다.

2. 대외 봉사

부임한 후 곧 요시다 고조 목사는 선교사로서 CBS와 극동방송 등 기독교 방송매체와 인터뷰를 하고, 기사를 내면서 서울일본인교회와 그들의 사역을 한국 사회에 꾸준히 알려왔다. 그 결과 요시다 고조 목사는 한국교회의 대표적인 장로교회인 영락교회의 장년부 일본선교부의 지도 목사로 초대받아 그들과의 동역을 시작했다. 또한 한국성서대학교로부터 일본어과 강사로 초빙되어 30년 정도 교편을 잡았다. 그를 통해 많은 일본선교사가 언어뿐 아니라 마음, 자세 마저 훈련을 받게 된 것은 한국교회로서는 큰 축복이다. 한편 부인 야스코는 한국에 온 지 얼마 되지 않았을 때 극동방송으로부터 '일본어 성서' 강좌 프로그램의 강사로 초대받아 라디오를 통해 한국인을 위해 일본어를 가르쳤다. 그러는 사이 요시다 고조 목사 부부에게는 딸들에게 무료로 피아노 레슨을 제공하겠다는 제안이 들어오기도 했고 또 여러 가정과 교회들, 단체들로부터 초대를 받는 영광을 누리기도 했다. 요시다 고조 목사와 가족은 그렇게 한국 사회에 봉사하고 헌신하는 가운데 그안으로 자연스럽게 수용되고 동화되어 왔다. 이제 그들의 봉사와 교류의 범위는 서울 수도권의 교회, 신학교, 미션 스쿨뿐 아니라 제주도를 포함한 전국 각지로 점차 확대되고 있다.

3. 일본의 연수 방문단 수용을 통한 계발활동

부임한 이래 요시다 고조 목사는 일본인 방문단을 받아 그들에게 연수 및 교류의 기회를 제공하는 일을 꾸준하게 이어오고 있다. 안타깝게도 그리스도인을 포함한 대부분의 일본인은 과거 식민지 지배 시절 일본이 한국에서 저지른 침략과 억압이 어느 정도였는지 잘 알지 못한다. 그들은 가해자로서 자기 역사를 대체로 알지 못하고 있다. 반면 한국 공교육에서 학생들은 역사교육을 통해 일제 식민지 시절 일본이 얼마나 가혹한 일들을 저질렀으며 그것이 한국인들에게 어떤 결과로 이어지고있는지를 제대로 배우고 있다. 이러한 의식의 차이가 두 나라를 지금까지 '가깝고도 먼 나라'가 되게 하는 커다란 요인의 하나이다. 요시다 고조 목사는 과거사의 빚을 제대로 회개하지 않고 있는 것이 일본의 신앙 부흥을 가로막고 있다고 생각하고 있다. 그래서 요시다 고조 목사와 서울일본인교회는 일본이 과거 이웃인 한국에게 무엇을 했으며, 그리고 또 무엇을 해 오지 않았는지에 대해 일본인들에게 알려주고 한 사람이라도 더 바른 역사 인식을 가질 수 있도록 깨닫도록 하는 연수 프로그램을 진행하고 있다. 요시다 고조 목사와 서울일본인교회는 매년 목사와 일반 성도, 신학생 그리고 중학교로부터 대학에 이르는 학생들을 포함하는 연수단을 받아들여 그 귀중한 사역을 실행해 왔다. 연수여행에 참가했던 사람들은 독립기념관, 탑골공원^{3·1} 독립운동의 발상지, 제암교회 등을 방문해 자기들의 나라가 행한 죄와 이에 따르는 책임을 깨달아 알고 커다란 충격을 받는다. 요시다 고조 목사가 오래전 그랬던 것처럼 말이다. 그들은 요시다 고조 목사의 연수 프로그램을 통해 한국에 대한 그리고 한국인에 대한 사죄와 화해의 의식을 뚜렷하게 갖고 귀국 후 그것을 주위 사람들에게 나누고 있다.[필자

도 1996년 니가타성서학원이 진행한 연수의 일환으로 요시다 고조 선교사의 안내를 받으며 그의 주요 사역을 직접 눈으로 보았다.]

4. 일본 정부와 일본 국민에의 호소활동

요시다 고조 목사와 서울일본인교회는 평소의 선교활동에 더하여 기회가 있을 때마다 일본 정부와 일본 국민을 대상으로 과거 역사에 대한 바른 청산을 호소하고 있다. 요시다 고조 목사는 특히 일본의 신문 등 언론과 교회를 통로로 사죄와 화해를 통한 역사 청산의 중요성을 지속적으로 호소해 왔다. 특히 그는 독도 문제[일본에서는 다케시마로 호칭]나 일본군 '위안부' 배상 문제, 그리고 역대 정권과 국회의원의 야스쿠니신사 참배 문제를 꾸준히 제기하고 기회가 될 때마다 일본 정부 당국에 직접 항의 성명서를 발송하거나 일본의 매스컴에 투고해 문제를 바르

요시다 고조는 일본의 한국에 대한 역사적 과오를 반성하는 일을 위해 한국에 왔다. 그는 지금도 기회가 닿는 대로 동료 일본인들과 더불어 사죄의 시간을 갖는다.

게 접근하도록 강력하게 주장하고 있다. 요시다 고조 목사의 이러한 활동에 대하여 '목사는 전도 활동만 하는 것이 좋다'는 비판도 있고 반일적인 목사라는 딱지를 붙이는 등 인터넷상에서 거센 비난이 이어지고 있다. 그러나 요시다 고조 목사는 이러한 비방과 중상에 위축되지 않고, 사죄와 화해의 메시지를 일관하여 주장하며 꾸준히 활동을 하고 있다. 요시다 고조 목사의 사역을 보면 구약 성서 시대에 자기 나라의 죄와 불신앙을 단죄하며 회개를 촉구했던 예언자들이 진정한 애국자였음에도 불구하고 나라의 지도자들이나 동족들로부터 매국노라 비난받았던 일이 기억난다.

다리를 놓는 사역이 계속되다

한일간 역사와 영토 문제가 첨예하게 대립하고 있는 최근의 상황에서도 요시다 고조 목사와 서울일본인교회의 '사죄와 화해 사역'은 꾸준히 이어지고 있다. 그는 이런 사역을 무려 40년이나 이어오고 있다. 요시다 고조 목사는 그의 '사죄와 화해 사역'이 단기간에 끝날 일이 아니라고 말한다. 그는 틈날 때마다 그의 사명이 그를 이어 또 다른 소명 받은 사역자들에 의해 지속적으로 이어져야 한다고 후배들을 격려한다.

그렇게 요시다 고조 목사의 사역은 2014년 요시다 고조 선교사 부부의 장녀 노리코範子와 결혼한 히라시마 노조미下島望 선교사로 이어지고 있다. 노조미 역시 동일한 사명을 이어받아 일한친선선교협력회의 두 번째 선교사가 되어 한국에 건너왔다. 그리고 요시다 고조 목사의 사역에 합류하고 있다. 이제 요시다 고조 목사와 히라시마 노조미 목사는 예단할 수 없는 한일 두 나라 역사 현실의 틈에서 2대에 걸친 사역을 이어가고 있다. 그들은 앞으로 지금까지보다 더 중요한 역할을 감당하게 되리라 확신하고 있다. 요시다 고조 목사는 한국에서의 사역 40년을 지나면서 현재, 부인 요시다 야스코吉田泰子 사모와 함께 활동하고 있으며 서울 광진구에 살고 있다. 요시다 고조 목사와 그 가족의 한국과 일본 사이 다리를 놓은 사역은 오늘도 한일 사이 빈틈에서 계속 이어지고 있다.

미안함과 감사가 교차하는 마음

정성우 선교사
호산나복음그리스도교회 주임목사
기독교순교자기념연수회관/미스바기도원원장

로마서 1장 14-15절
헬라인이나 야만인이나 지혜 있는 자나
어리석은 자에게다 내가 빚진 자라
그러므로 나는 할 수 있는 대로 로마에 있는 너희에게도
복음 전하기를 원하노라

　현재 일본에서 선교사로 사역하면서 식민지 조선과 한국에서 선교사로 사역했고 지금도 사역하고 있는 선교사들의 이야기를 보고 지극한 관심으로 책을 읽었다. 특히 마지막 장의 주인공 요시다 고조 선교사의 이야기는 그분의 사역이 현재 진행형이라는 것 때문에라도 깊은 관심을 갖게 되었다. 책의 이야기 가운데 요시다 고조 선교사의 '서울일본인교회'가 '한국 유일의 일본인교회'라는 글은 정말이지 많은 생각을 갖게 했다. 함께 기도하고 찬양하고 함께 기쁨과 슬픔을 나눌 믿음의 동지가 많지 않은 현실에서 요시다 고조 선교사의 사역이

얼마나 외롭고 힘들었을지 생각하게 하는 대목이었다. 일본을 미워하는 한국인 사이에서 '사죄와 화해 사역'을 이어가는 것은 결코 쉬운 일이 아닌 것이다.

요시다 고조 선교사가 30년 넘도록 그 많은 어려움 속에서도 지금까지 견디며 사역을 이어올 수 있었던 것에 대해 나는 두 가지를 생각한다. 한 가지는 그것이 하나님께 받은 사명이라는 것이다. 요시다 고조 선교사와 그 가족의 사역 이야기를 읽노라면 그 모든 것이 단순히 인간적인 의지의 결과라고 볼 수 없는 부분이 많이 있다. 그것은 전적으로 하나님의 은혜이며 하나님의 인도하심의 결실이다. 다른 한 가지는 미안함이다. 일본인으로서 자기들이 20세기 초반에 저지른 모든 악에 대한 미안함을 품고 오직 용서를 구하는 마음으로 수고하고 헌신하는 일, 그렇게 양국 사이에 화해의 다리를 조성하는 일은 당연하면서도 난감한 일임을 우리는 잘 안다. 그래서 서로 다른 나라 사람들이기 전에 같은 그리스도인으로서 미안함을 품는다.

이 책을 읽으며 한 가지를 분명하게 품었다. 요시다 고조 선교사나 우리나 모두 "복음의 빚진 자"라는 것이다. 한국을 식민지 삼아 많은 상처를 준 일본인으로서 한국과 한국인에게 진 빚을 갚으려는 지극한 태도, 복된 소식을 듣지 못하던 조선땅에 복음을 전해주는 일에 중요한 다리 역할을 한 일본에 대하여 마음의 빚을 가지고 이제 다시 일본 땅에 복음을 전하려 나서는 지극한 태도, 두 나라 사역자들에게는 바울이 말하는 "복음의 빚진 자"라는 한 마음이 있다. 한국에서 반일운동이 일어나고 일본에서 한국을 무시하고 혐한운동이 일어나는 시대이지만 우리는 서로가 "복음의 빚진 자"라는 것을 잊지 말아야 하겠다. 그럴 때 요시다 고조 선교사와 같은 헌신은 결실할 것이다. 바울의 사역이 그랬듯 말이다.